|ESG커뮤니케이션 전략보고서|

착한 회사를 넘어 옳은 기업으로

GOOD TO RIGHT

조성은 지음

공감의기쁨

착한 회사를 넘어 옳은 기업으로

1판 1쇄 발행 2025년 6월 23일

지은이_ 조성은
펴낸곳_ 공감의기쁨
전화_ 02) 2063-8071
팩스_ 02) 2062-8071
등록_ 2011년 7월 20일 제 313-2011-204호
주소_ 서울특별시 강서구 공항대로 194 문영 퀸즈파크 12차 414호
e-mail_ goodbook2011@naver.com
ISBN_ 979-11-86500-29-3 (03320)

ESG, 어떻게 소통할 것인가

이 책을 세상에 내놓게 된 것은 날로 중요해지는 ESG(환경·사회·거버넌스)라는 거대한 흐름 속에서 중심을 꿰뚫어야 할 ESG커뮤니케이션이 주변을 맴도는 안타까운 현실을 마주했기 때문이다. 〈이로운ESG랩〉을 이끌며 ESG경영의 중요성이 커질수록, 현장의 생생한 목소리를 접할수록 ESG커뮤니케이션에 대한 올바른 인식이 시급하고 절실한 과제로 와 닿았다.

기업들은 ESG보고서를 준비하고 공시 기준과 평가 항목에 대응하느라 정신이 없다. 국내외 인증도 받았고 평가등급도 나쁘지 않다. 그런데도 투자자들과 NGO는 의심스러운 듯 묻는다.

"진짜 ESG를 하고 있는 게 맞습니까?"

직원들도 자신과는 무관하다는 태도로 말한다.

"ESG는 보고서팀이나 홍보팀에서 하는 거 아닌가?"

소비자들은 구매 관심조차 없다. 많은 기업이 비슷한 상황에 놓여 있다. ESG 공시 의무화, 공급망 실사 등 거대한 파도처럼 밀려오는 수많은 ESG 규제 속에서 ESG라는 이름 아래 무엇인가 바쁘게 하고 있지만 조직 안에서도 작동하지 않고 밖에도 닿지 않는 현실이다.

ESG 글로벌 리더 애플조차도 '탄소중립' 광고가 '그린워싱'이라고 소비자들의 집단소송에 직면하고 유럽에서는 규제 리스크를 우려한 기업들이 기후 관련 홍보를 축소하고 있다는 소식이 들린다.

ESG커뮤니케이션 때문이다. 기업들은 ESG커뮤니케이션을 홍보나 마케팅 영역으로 축소해 생각하는 경향이 있다. ESG커뮤니케이션의 본질과 역할은 훨씬 깊고 넓다. 많은 기업이 ESG보고서 작성, 평가 등 규제 대응에 열심이지만 진정한 ESG경영으로 전환하려는 노력과 성과를 이끌어내기 위한 투자자, 직원, 공급망, 소비자, NGO, 시민단체, 지역사회, 규제기관 등 이해관계자들의 이해과 지지를 얻어낼 커뮤니케이션에 대한 고민은 부족하다. 투자자에게서 안정적인 투자를, 소비자들에게서 충성적 구매를, 직원들에게서 자발적 동참과 업무 몰입을, NGO와 지역사회로부터 협력과 지지를 이끌어내는 것. 기업의 ESG 성패가 달린 당면과제이며 중심에 ESG커뮤니케이션이 있다.

커뮤니케이션이 없는 ESG는 내부에선 작동하지 않고 외부에선 공감받지 못하는 선언에 불과하다. ESG커뮤니케이션은 기업의 목적과 시스템을 ESG 가치 중심으로 변화시키고 이러한 변화를 이해관계자들이 이해하고 지지하도록 전달하는 것이 핵심 역할이다. ESG커뮤니케이션은 '그린워싱'의 오명을 씻고 위험을 관리하며 기업의 실질적인 변화를 뒷받침하고 이해관계자들의 신뢰와 지지를 얻는 핵심 전략으로 자리매김할 시점이다. ESG경영은 '착한 활동'을 넘어 기업의 지속가능한 성장을 위한 필수적인 DNA 재설계 과정이다.

이 책은 'ESG경영의 성공은 커뮤니케이션에 달려 있다'는 명확한 메시지다. 이 책은 ESG경영 서적 또는 보고서 작성이나 평가를 위한 서적이 아니다. 시중에 많이 나와 있는 ESG경영을 이해하고 실행하는 데 큰 도움을 주는 ESG의 개념과 중요성, 국내외 관련 다양한 규제와 영역별 실무지침을 다루는 책들과 다르다.

이 책은 ESG경영의 전략적 도구인 커뮤니케이션의 중요성을 이해하고 실질적인 전략 수립을 위한 길잡이다. ESG를 규제가 아닌 기회로 재해석하고 2부는 왜 커뮤니케이션이 ESG경영의 핵심인지 다룬다. 효과적 ESG커뮤니케이션을 위한 구체적 커뮤니케이션 실행 전략을 제시한다. ESG경영의 핵심 이해관계자 중 투자자와 직원들을 대상으로 한 IR 커뮤니케이션과 내부 커뮤니케이션 부분을 다루었다. 커뮤니케이션의 성과를 진단하고 개선하는 방법을, AI시대에 ESG커뮤니케이션의 변화를 전망하고 도전과제를 탐색한다. 장마다 사례와 예시를 넣었다.

위기관리 커뮤니케이션, 'ESG워싱(그린워싱)'은 다루지 않았다. 위기관리는 PR 관련 책들에서 다루고 있고 ESG워싱 문제는 기업 본질의 문제이며 ESG커뮤니케이션이 주변적 역할이 아닌 중심 역할로 자리매김함으로써 해결된다. 구체적이고 충실한 내용을 위해 다음으로 넘기는 것이 낫겠다고 판단했다.

책을 집필하는 동안에도 새로운 사례와 트렌드가 쉴 새 없이 등장했나. 더 구체적으로 내용을 담아내지 못한 아쉬움이 크다. 실무 경험과 사례를 중심으로 이야기를 풀어내다 보니 이론적으로 부족한 부분도 있다. 그럼에도 이 책이 성공적인 ESG경영의 핵심 요소인 ESG커뮤니케이션이 간과되는 현실을 조금이라도 바꿀 계기가 되기를 바란다.

'ESG커뮤니케이션'이라 명명했지만 'ESG PR'에 관한 것이다. PR의 개념은 '기업의 성패를 좌우하는 이해관계자들과 우호적 관계를 맺는 전략적 커뮤니케이션'이라는 깊고 광범위하고 의미와 영역을 가지고 있음에도 '홍보'라는 협소한 개념으로 퍼져 있는 현실적 한계 때문이었음을 고백한다. 〈말이 전략이다: ESG 성패 PR이다〉가 더 정확한 제목이다.

ESG경영의 성패를 좌우하는 '말'은 이해관계자들의 마음을 움직이고 긍정적인 변화를 이끌어내는 강력한 전략임을 다시 한 번 강조하며 이 책을 통해 더 많은 기업이 ESG커뮤니케이션의 중요성을 인식하고 전략으로 삼아 기업, 사람, 지구가 원원 하는 미래를 만들어가길 기대한다.

2025년 3월
눈발이 휘몰아치는 봄날에

E

S

G

블루오션으로
가는 길

기업 DNA를 재설계하라

ESG는 기업의 지속가능한 성장을 결정짓는 핵심 축이자 미래로 나아가는 전환점이다. 기업들은 ESG라는 거대한 패러다임 변화를 마주하고 있으며 "기업의 DNA를 근본적으로 재설계해야 한다"는 메시지를 전달한다. 과거의 성공 공식은 더 이상 유효하지 않다. '환경(Environment), 사회(Social), 지배구조(Governance)'라는 새 기준이 기업의 생존과 경쟁력을 좌우하는 잣대가 됐다. 기업의 목적, 가치, 시스템, 운영 방식까지 조직의 모든 요소를 새로운 기준에 맞춰 재구성할 필요가 있다.

ESG경영은 단순히 사회적 가치를 추구하는 선택지가 아니다. 이는 자본시장에서의 생존조건이며 기업 가치를 평가하는 중심축으로 자리 잡았다. ESG경영은 지속가능한 비즈니스를 위해 반드시 내재화해야 하는 요소다. 기후변화 같은 전 세계적 위기는 점점 더 경제활동을 위협하고 있다. 이에 대한 대응 없이 기업은 생존 가능성을 장담할 수 없다. MZ세대는 ESG 가치를 기준으로 기업과 브랜드를 선택하며 글로벌 자본시장은 ESG리스크를 간과하는 기업을 투자 대상으로 삼지 않는다. 기업 DNA에 ESG를 반영하지 않을 경우 도태될 수밖에 없다.

일시적으로 ESG의 후퇴는 있지만 변화의 흐름을 꺾을 수는 없다.

럼프정부는 화석연료 기반의 에너지 정책 복원, 소수계층 우대정책 (DEI) 폐지 강요 등 반(反)ESG정책을 강행하고 있다. 그러나 ESG로의 전환은 글로벌 메가트렌드로서 되돌릴 수 없는 경로에 접어들었다. 기업은 규제를 넘어 ESG를 성장동력으로 인식하고 이를 혁신적으로 기업 DNA로 융합하는 기업이 안정적이고 지속가능한 성장을 이뤄낼 수 있다. ESG 중심의 재구성을 외면하는 기업은 도태 위험에 직면할 것이다.

기업들은 ESG라는 규제의 파도에 직면해 있다. ESG보고서 작성, 탄소배출량 감축, 공급망 실사 의무 준수 등 관련 법적 요구가 현실화되고 있기 때문이다. 기업이 직면한 핵심 과제는 ESG를 의무에서 미래 성장동력으로 전환하고 기업 DNA의 핵심요소로 심어야 한다.

빠르게 성장 중인 ESG투자시장은 중요한 신호를 보내고 있다. 글로벌 기관투자자들은 ESG 수준이 낮거나 관련 리스크를 간과한 기업에 대해 투자 철회를 공식화하는 사례가 증가하고 있다. ESG경영이 투자자들에게 기업의 지속과 성장 가능성을 판단하는 핵심 지표로 인식되고 있음을 보여준다. ESG경영을 통해 투자 유치 경쟁력을 확보하는 것이 시장 선점과 기회 창출의 발판이 된다.

ESG경영은 단순히 규제 준수로 끝나는 것이 아니다. 기존 시장에서 벗어나 무한한 가능성을 발견하는 블루오션이다. ESG 성과가 뛰어난 기업은 자본 조달은 물론 비용 절감, 인재 유치, 생산성 향상 등 긍정적 효과를 얻을 수 있다. 효과적인 리스크관리를 통해 예측 불가능한 위기에 대한 대응력을 강화하고 브랜드 가치를 더욱 높일 수 있다. ESG에 앞장서는 기업들은 새 비즈니스모델과 혁신 기술로 시장을 주도하고 ESG 요소를 수용해 기존 기업 DNA를 뛰어넘는 사례를 보여주고 있다. 친환경에너지기업들은 탄소중립시대의 중심이 되고 있으며 ESG 기술을 개발하는 기업들은 신시장 개척과 수익모델 다각화에 성공하고 있다. 지속가능한 소비를 지향하는 MZ는 ESG 가치를 반영한 제품과 서비스를 선호하며 이러한 문화를 반영해 움직이는 기업들에게 높은 충성도를 보이고 있다.

ESG경영은 '착한 활동'을 넘어 기업의 지속가능한 성장을 위한 필수적인 DNA 재설계 과정이다. ESG 가치를 기업 DNA로 뿌리내지 못하고 피상적인 활동에 그칠 경우 'ESG워싱'이라는 위험에 빠지게 된다. ESG 프레임 워크는 '이중중대성'을 파악하고 경영 시스템을 재구성할 것을 요구한다. 한편으로는 재무적 리스크와 기회를 측정하는 한편 기업 활동이 환경과 사회, 즉 비재무적 측면에 미치는 영향을 측정하도록 한다.

ESG경영은 이러한 '이중중대성'을 바탕으로 기업의 ESG 이슈를 파악하고 경영에 통합하는 것이다. 경영 활동과 무관한 임직원 봉사활동, 환경보호 캠페인 등 사회공헌활동들을 ESG경영이라고 말할 수 없다. 혁신을 수반하지 않는 활동은 ESG경영이라 할 수 없다. ESG경영의 핵심은 ESG 가치를 기업의 DNA에 깊숙이 내재화하는 것이다. 기업의 목적, 가치, 운영 시스템 전반을 혁신하는 전사적인 체질 변화다. ESG 워싱을 벗어나 블루오션이 되는 길은 ESG가 기업 DNA로 내재화된 기업만 가능하다.

기업 목적을 재정립하라:
이익, 사람, 지구

"당신네 기업의 존재이유는 무엇입니까?"

ESG경영은 이 질문에서 시작된다. ESG경영은 기업 DNA를 새롭게 혁신하는 것이며 그 시작은 기업의 목적과 미션을 재정립하는 데 있다. 오랫동안 기업의 존재이유는 이윤 극대화였지만 이제 경영의 지속가능성을 담보할 길은 이윤만으로는 불가능하다. 기후변화, 팬데믹, 자원 고갈, 불평등 심화 등 지구적 위기들은 기업들에게 이윤 너머의 가치, 즉 사회와의 공존과 문제 해결에 기여하는 존재이유를 찾는 것이 필수적인 생존 전략이자 새로운 기회임을 깨닫게 하고 있다.

ESG경영의 시작은 기업의 존재이유, 즉 기업의 목적을 재정의하는 데서 출발한다. 지금까지 기업 DNA가 '이윤 추구'라는 단일 가치로 설계됐다면 ESG기업의 목적은 이윤(Profit), 사람(People), 지구(Planet)이라는 균형 잡힌 세 가지 핵심 가치를 핵심 축으로 재설계된다. 기존 경영 방식이 이윤 극대화에 집중하며 사람과 지구를 부차적으로 여겼다면 ESG시대에는 세 가지 가치의 균형이 지속가능한 성장을 가능하게 한다. ESG경영은 기업의 지속가능성을 평가하는 핵심 요소인 환경(Environment), 사회(Social), 지배구조(Governance)를 중심으로 이루어진다.

환경(Environment): 지구환경보호와 지속가능성에 대한 기업의 책임을 의미한다. 기후변화 대응(탄소배출량 감축, 친환경 에너지 사용), 자원 효율성 향상(에너지효율 개선, 자원 재활용), 환경오염 예방(대기·수질오염 방지, 유해물질 관리), 생물 다양성 보존 등 광범위한 영역을 포괄한다.

사회(Social): 기업이 사회 구성원으로 책임을 다하고 사회와 함께 성장하는 상생경영을 의미한다. 노동 관행 개선(안전, 보건, 근로조건, 인권), 인적 자원 개발(직원교육, 다양성 존중), 지역사회 기여(사회공헌활동, 지역경제 활성화), 제품 책임 강화(제품 안전, 소비자 보호) 등 다양한 이해관계자와 상생하는 사회적 가치 창출을 강조한다.

거버넌스(Governance): 기업이 ESG 목표를 효과적으로 달성하고 지속가능한 경영을 실현하기 위한 조직적인 체계와 프로세스를 의미한다. 투명성과 윤리성을 강조하는 것을 넘어 경영활동 전반에 ESG 요소를 통합하고 지속가능한 경영을 실현하기 위한 핵심 시스템이자 전제조건이다. ESG경영의 성공을 위해서는 튼튼한 거버넌스 구조를 구축하고 지속적으로 개선해 나가는 것이 필수적이다.

아직까지 많은 기업이 사람과 지구를 고려하지 않은 이윤 극대화라는 목표를 향해 질주하고 있다. 사람과 지구를 고려한다는 것이 이윤 극대화의 장애물로 여겨지기 때문이다. ESG시대 성공방정식이 달라지고 있다.

ESG경영은 이익, 사람, 지구의 세 가지 핵심 가치 창출을 목적으로 하는 경영 패러다임이다. 세 가지 가치 창출을 목적으로 재정립한 기업은 이윤 추구를 넘어 "어떻게 사람과 지구에 긍정적 영향을 미치며 지속가능한 이윤 창출을 할 수 있을까?"라는 질문을 중심으로 경영전략을 재설계한다. 이러한 기업이 환경, 사회, 거버넌스의 개선을 비용이 아니라 지속가능한 성장을 이끄는 핵심 동력으로 인식하며 ESG 가치를 기반으로 비즈니스 기회를 모색하고 비즈니스 성과로 이어갈 수 있다.

ESG경영은 기업이 세상에 존재하는 이유와 방식을 근본적으로 바꾸는 것이다. 기업의 목적과 미션을 재정립할 때 기업의 조직 시스템은 지속가능한 가치와 이윤 동시 창출이라는 목적을 지원하는 본질적 변화가 가능해진다.

#유니레버(Unilever)
지속가능한 생활 보편화
(Making Sustainable Living Commonplace)

유니레버는 다브, 립톤, 벤앤제리스 등이 대표 브랜드다. 과거 유니레버의 미션은 "영양, 위생, 개인 관리에 대한 일상적 요구를 충족시키고 사람들이 기분 좋게, 멋지게 보이고 삶에서 더 많은 것을 얻도록 돕는 브랜드 제공한다.(Meet everyday needs for nutrition, hygiene and personal care with brands that help people feel good, look good and get more out of life)"였다. 이 미션은 소비자 중심적이었지만 ESG 측면은 명확히 드러나지 않았다.

2010년 유니레버는 "지속가능한 생활을 보편화한다(Making Sustainable Living Commonplace)"는 비전을 발표하며 ESG 요소를 기업의 핵심 목표로 명확히 설정했다. 제품 판매를 넘어 환경과 사회에 긍정적 영향을 미치는 지속가능한 방식으로 사업을 운영하고 소비자들의 지속가능한 생활을 지원하는 것을 ESG 목표를 재정립했다. 환경영향 감소, 사회적 영향 긍정적 변화, 경제성장 기여라는 세 가지 큰 목표 아래 구체적 실행 계획을 수립하고 성과를 관리했다.

"우리의 터전, 지구를 되살리기 위해 기업한다"
(We're in business to save our home planet.)

아웃도어의류·장비기업 파타고니아는 '환경보호'를 기업의 핵심 가치로 삼고 있다. 창립 초기부터 환경보호를 강조해 오다 2018년 기업 미션을 "우리의 터전, 지구를 되살리기 위해 기업한다.(We're in business to save our home planet.)"로 변경하며 환경보호를 최우선 목표로 공식화했다. "기업의 존재이유를 이윤 추구를 넘어 지구환경 보호에 두겠다"는 강력한 의지를 담고 있다.

#다농(Danone)
"하나의 지구, 하나의 건강"
(One Planet. One Health.)

다농은 요거트, 생수, 이유식, 특수 영양식품 등을 생산 및 판매한다. '액티비아', '에비앙', '뉴트리시아'가 대표 브랜드다. 2017년 다농은 새로운 기업 슬로건 "하나의 지구, 하나의 건강(One Planet. One Health)"를 발표하고 ESG경영, 특히 건강과 환경의 상호 연관성을 강조하는 경영 방침을 강화했다. 지구의 건강과 사람들의 건강이 긴밀하게 연결돼 있으며 기업은 지구와 사람들의 건강을 함께 증진하는 데 기여한다는 메시지를 담고 있다.

#잉카브(Ecovacs Robotics)
"모두를 위한 로봇"
(Robotics for All)

로봇기업 잉카브는 가정용로봇(로봇청소기, 창문 로봇청소기 등)과 산업용로봇을 개발, 생산한다. 과거 잉카브의 슬로건은 "스마트홈 생활을 즐기세요(Enjoy Smart Home Life)"로 기술 중심적 가치를 강조했다. 잉카브는 최근 ESG경영을 강화하면서 기업의 목적을 "모두를 위한 로봇(Robotics for All)"로 확장했다. 로봇기술을 통해 단순히 편리함을 제공하는 것을 넘어 더 많은 사람이 더 나은 삶을 누리도록 기여하겠다는 의지를 담고 있다. 여기서 '모두'는 단순히 소비자뿐 아니라 환경, 사회 전체를 포괄했다. "모두를 위한 로봇"이라는 새로운 목적 하에 ESG경영을 강화하면서 '기술혁신기업' 이미지를 넘어 '사회적 책임 기업' 이미지를 구축하고 있다.

"기후변화에 맞서는 리더십"
〔Climate Change Leadership〕

영국 최대 금융서비스기업 로열뱅크오브스코틀랜드(RBS)는 2020년 '냇웨스트그룹'으로 사명을 변경했다. RBS 시절 "고객서비스, 신뢰 및 지지 측면에서 최고가 되는 것(To be number one for customer service, trust and advocacy)"을 목표를 내세웠지만 최근 기업의 목적을 금융서비스를 제공하는 것을 넘어 기후변화에 맞서는 리더십(Climate Change Leadership)을 발휘하는 것으로 재정립하고 ESG경영을 강화하면서 기후변화 대응에 집중하고 있다.

유니레버, 파타고니아, 다농, 잉카브, 냇웨스트그룹 사례는 각기 다른 산업 분야에서 ESG경영을 통해 기업 목적을 재정립하고 지속가능한 성장을 추구하고 있음을 보여준다. 생활용품, 의류, 식품, 기술기업, 금융기업 등 다양한 분야에서 ESG 가치를 내재화하고 있으며 자사의 강점을 활용해 ESG경영을 실천하고 있다. ESG경영이 기업의 목적 재정립과 밀접하게 연관돼 있으며 ESG 가치를 기업의 핵심 목표로 설정하고 경영전략과 사업모델을 혁신하고 있다. 기업의 목적 재정립은 ESG경영의 시작이다.

환경, 사회, 거버넌스는 하나의 유기체

ESG, 즉 '환경'(E), '사회'(S), '지배구조'(G)는 개별적으로 나뉜 각각의 단편적 영역이 아니라 서로 긴밀히 연결돼 상호작용하는 하나의 통합된 시스템으로 이해해야 한다. ESG의 세 축은 독립적인 목표가 아니라 서로 유기적으로 작동하는 한 몸이다. ESG 프레임워크에서 핵심 원칙인 '무해원칙(DNSH, Do No Significant Harm)'은 ESG를 구성하는 세 가지 요소가 상호 연계된 통합적 DNA의 본질을 보여준다.

'무해원칙'이란 특정 ESG활동이 다른 ESG 영역에 '심각한 피해'를 끼치지 않도록 신중을 기해야 한다는 의미다. 친환경에너지사업을 추진하면서 지역주민의 인권을 침해하는 등 사회적 측면을 간과하거나 지배구조 개선 명목으로 환경을 소홀히 하는 상황처럼 ESG 요소 간 의도하지 않은 상충관계를 피해야 한다.

ESG를 따로 떼어 분석하고 실행하는 것은 ESG경영이라 할 수 없다. 무해원칙은 ESG경영을 단순히 특정 영역에 치우친 활동으로 보는 것이 아니라 총체적 관점으로 접근함을 요구한다. 기업은 ESG경영 전략의 초기 단계에서부터 무해원칙을 철저히 반영해 ESG 요소 간 상호작용을 깊이 살펴야 한다. 이를 통해 긍정적 영향을 극대화하고 부정적 영향을 최소화하는 체계적인 ESG경영 구조를 마련해야 한다. 성과를 측정할 때도 무해원칙의 관점에서 개별 ESG 항목 성과에 그치지 않고 ESG 전체에 미치는 영향을 포괄적으로 평가하며 잠재적 피해 리스크를 철저히 관리하는 것이 필수적이다.

무해원칙을 올바르게 이해하고 이 원칙에 기반한 ESG경영을 실천하면 ESG리스크를 최소화하고 새로운 사업 기회를 높이는 지속가능한 경영이 가능해진다. 반대로 무해원칙을 간과하고 각 영역을 분리해 접근할 경우에는 예상치 못한 ESG리스크 증가와 함께 ESG워싱(Green Washing) 논란에 휩싸일 위험이 크다.

무해원칙은 ESG경영을 어느 한 영역의 활동이 아닌 총체적 관점에서 접근할 것을 요구한다. ESG 각 세 요소는 개별 목표가 아니라 상호 의존적인 하나의 유기체로 작동한다. E, S, G 따로 따로 보기는 ESG경영 실패로 이어진다. 기업은 ESG경영 전략 수립 단계부터 무해 원칙을 반영해, ESG 요소 간 상호작용을 면밀히 분석하고 긍정적 영향(Positive Impact)은 극대화하고 부정적 영향(Negative Impact)은 최소화하는 'ESG 경영 체계'를 구축해야 한다. ESG경영 성과 측정 시에도 무해 원칙에 따라 개별 ESG 영역별 성과뿐 아니라 ESG 전반에 미치는 영향을 종합적으로 평가해 '피해리스크(Harm Risk)'를 체계적으로 관리해야 한다.

환경개선활동의 사회적 부작용 발생

탄소배출량 감축을 위해 석탄화력발전소를 조기 폐쇄하는 과정에서 주변 지역사회의 경제 기반이 붕괴되고 실업률이 급증하는 사회적 문제가 발생할 수 있다. 환경 개선이라는 긍정적 목표 달성 과정에서 사회적 안정이라는 또 다른 ESG 목표를 훼손하는 경우다. 탄소 감축이라는 'E' 목표 달성에만 집중해 지역경제와 노동자 생계라는 'S' 측면의 부정적 영향을 간과했다.

사회적 가치 추구 활동의 거버넌스 투명성 훼손

취약계층 지원을 위한 사회공헌활동을 추진하는 과정에서 기부금 운영의 투명성이 부족하거나 특정 정치세력과의 유착 의혹이 제기돼 기업 지배구조의 투명성과 공정성을 훼손할 수 있다. 사회적 가치 창출이라는 긍정적 의도가 기업 지배구조의 신뢰성을 떨어뜨리는 역효과를 낳는 사례다. 사회공헌이라는 'S' 목표 달성에만 집중해 기부금 운영 투명성 및 잠재적 거버넌스 리스크라는 'G' 측면을 간과한 경우다.

거버넌스 효율성 강화 활동의 환경·사회적 책임 소홀

기업 의사결정 속도와 효율성을 높이기 위해 이사회 규모를 축소하고 사외이사 수를 감축하는 과정에서 이사회 내 다양성 및 전문성이 저하돼 ESG경영 관련 의사결정의 질이 떨어지고 환경 및 사회적 책임에 대한 고려가 소홀해지는 경우가 발생할 수 있다. 지배구조 효율성 향상이라는 목표가 환경 및 사회적 책임 경영이라는 더 중요한 ESG 목표를 약화시켰다. 거버넌스 효율성이라는 'G' 목표 달성에 집중해 이사회 다양성과 ESG책임경영이라는 'E' 및 'S' 측면의 잠재적 부정적 영향을 간과한 경우다.

E·S·G통합을 기업 DNA에 내재화한 기업은 그렇지 못한 기업과 ESG경영 추진 방식에서 극명한 차이를 보인다. ESG가 DNA화된 기업은 기업활동을 통해 지속가능한 사업모델을 구축하고 실질적 가치를 창출하는 ESG경영 선도 기업으로 도약하는 반면 그렇지 않은 기업은 ESG워싱(Green Washing) 리스크를 키우게 된다.

ESG 블루오션을 찾는 기업들: 사례와 시사점

ESG를 통해 비용을 절감하고 사업 기회를 창출하며 경쟁사와의 차별화를 통해 브랜드 가치를 높이는 발판을 마련해 가는 기업들이 있다. ESG경영은 마치 미지의 길을 개척하는 도전과 같다. 기존과는 완전히 다른 방식으로 접근해야 하며 환경적·사회적 가치를 이윤과 동시에 실현해야 하는 까다로움이 따른다. 이 과정에서 예기치 못한 난관이나 시행착오를 마주할 가능성도 높다. ESG경영이라는 이유만으로 기업 운영의 불확실성을 완전히 배제할 수는 없기 때문이다. ESG를 선도하는 기업들조차 예상치 못한 문제에 직면하거나 단기적 성과 감소, 기대에 못 미치는 결과를 경험하고 있다. 이는 ESG경영이 단기간에 성과를 내는 과제가 아니라 기업 체질을 근본적으로 개선하는 데 시간과 지속적인 노력이 요구되는 쉽지 않은 여정임을 의미한다.

그럼에도 ESG를 기업 DNA로 심기 위해 노력하는 기업이 점차 늘고 있다. 이들은 ESG를 단순히 규제에 대응하는 수준에서 그치지 않고 새로운 기회를 창출하고 지속가능한 비즈니스모델을 구축하기 위한 기업의 본질로 자리매김하려 한다. 이러한 기업들은 ESG경영을 통해 리스크를 관리하고 기업 가치를 제고하며 지속가능경영의 기반을 확고히 하려는 목표를 갖고 있다.

비용 절감하는 기업들

ESG경영은 에너지 효율 향상, 폐기물 감축, 재활용 시스템 구축 등 자원 효율성을 극대화해 실질적인 비용절감 효과를 누릴 수 있다 에너지 효율 설비에 초기 투자가 필요할 수 있지만 장기적으로 에너지 비용을 절감해 수익성을 개선하고 생산비 절감으로 이어져 경쟁사 대비 원가경쟁력을 확보할 수 있다.

#유니레버
지속가능한 소싱으로 원가 절감, 공급망 안정화

유니레버는 지속가능한 농업을 핵심 ESG전략으로 추진하며 원재료 소싱 과정에서 환경 및 사회적 책임을 강화하고 있다. 팜유, 코코아, 차 등 원재료를 지속가능한 소싱을 통해 비용절감, 공급망 안정화, 생산효율성 향상 등 수백만 유로의 효과를 거두었다.

원재료 비용 절감: 지속가능한 농법은 토양 건강 개선, 물 사용량 감소, 화학비료·농약 사용량 감축 등을 통해 원재료 생산 비용을 절감시켰다. 지역사회와의 협력을 강화해 안정적인 원재료 공급망을 구축하고 가격 변동 리스크도 줄였다.

공급망 효율성 향상: 블록체인 기술을 활용해 팜유 공급망의 투명성을 높이고 불법적 삼림 벌채, 노동 착취 등 ESG 리스크를 효과적으로 관리한다. 투명하고 효율적인 공급망 관리는 운영비 절감 및 품질 향상으로 이어지고 있다.

폐기물 감소와 재활용: 제품 포장재의 재활용률을 높이고 플라스틱 사용량을 감축하는 등 순환경제모델을 적극 도입하고 있다. 포장재 혁신을 통해 폐기물 처리 비용을 절감하고 재활용 가능한 소재 사용을 확대해 원자재 비용을 절감하고 있다.

#월마트(Walmart)
에너지효율 개선과 폐기물 감축으로 운영비 절감

월마트는 '지속가능성 360' 프로그램을 통해 에너지효율 개선과 폐기물 감축, 지속가능한 제품 소싱으로 연간 수억 달러의 운영비 절감 효과를 거두고 있으며 탄소배출량 감축에도 크게 기여하고 있다

에너지 효율 개선: 매장 및 물류센터의 LED 조명 교체, 고효율 냉난방 시스템 도입, 태양광발전설비 설치 등을 통해 에너지 소비량을 줄이고 있다. 에너지 관리 시스템을 구축해 에너지 사용 데이터를 분석하고 효율성을 지속적으로 개선하고 있다.

폐기물 감축과 재활용: 식품폐기물 감축, 포장재 재활용, 재활용 시스템 구축 등을 통해 매립 폐기물 발생량을 줄이고 있다. 폐기물 관리 시스템을 통해 폐기물 발생 현황을 모니터링하고 감축 목표를 설정해 체계적으로 관리하고 있다.

물류 효율화: 친환경배송 시스템 구축, 배송경로 최적화, 연비 효율적인 차량 도입 등을 통해 물류 운영 효율성을 높이고 있다. 물류 네트워크 최적화를 통해 연료비와 물류 비용을 절감하고 있다.

#BMW그룹(BMW Group)
순환경제시스템 구축으로 자원 효율성 극대화

BMW그룹은 '순환경제(Circular Economy)'를 핵심 ESG전략으로 채택하고 제품 설계부터 생산, 사용, 재활용까지 전 과정에서 자원 효율성을 극대화하기 위해 노력하고 있다. '4RE원칙(Rethink, Reduce, Reuse, Recycle)'을 기반으로 순환경제시스템 구축을 통해 원자재 비용 절감, 생산비용 절감, 폐기물처리 비용 절감 등 수억 유로의 비용절감 효과와 자원 효율성 향상 및 환경 영향 최소화라는 긍정적 효과를 동시에 얻고 있다.

재활용 소재 사용 확대: 차량 생산 과정에서 재활용 플라스틱, 재활용 알루미늄, 재활용 철강 등 재활용 소재 사용 비중을 꾸준히 늘려가고 있다. 재활용 소재는 새로운 원자재 채취 비용 및 가공 비용 절감 효과를 가져오며 폐기물 발생량 감소에도 기여한다.

제품 수명 연장 및 재제조: 차량의 내구성을 강화하고 수명을 연장하는 설계를 적용하고 부품 재제조(Remanufacturing) 사업을 확대해 자원 낭비를 줄이고 있다. 제품 수명 연장과 부품 재제조는 신규 부품 생산비 절감, 폐차량 처리 비용 절감 효과를 가져온다.

모듈형 디자인 및 표준화: 차량 부품의 모듈화와 표준화를 추진해 생산 효율과 부품 재사용률을 높이고 있다. 모듈형 디자인 및 표준화는 부품 종류 감소, 생산 공정 단순화, 재고 관리 효율성 향상 등 다양한 측면에서 비용 절감 효과를 가져왔다.

#스타벅스(Starbucks)
친환경매장 구축 및 에너지 절약 캠페인으로 비용 절감

스타벅스는 '지속가능한 스타벅스(Sustainable Starbucks)' 프로그램을 통해 친환경매장 구축, 에너지 절약, 친환경제품 개발 등 다양한 ESG경영 활동을 전개하고 있다. 친환경매장 구축과 에너지 절약 캠페인을 통해 매장당 연간 수천 달러의 에너지 비용 절감 효과를 거두고 있으며 탄소배출량 감축과 친환경브랜드 이미지 강화 효과까지 누리고 있다.

친환경 매장 디자인: 스타벅스는 친환경건축 인증(LEED)을 획득한 친환경매장을 확대하고 있으며 자연채광 활용 극대화, 고효율 LED조명 설치, 에너지효율 냉난방 시스템 등을 적용해 에너지 소비량을 줄이고 있다. 친환경매장 디자인은 에너지 비용 절감뿐 아니라 쾌적한 매장 환경 조성 및 고객만족도 향상에도 기여하고 있다.

에너지 절약 캠페인: 스타벅스는 매장 내 에너지 절약 캠페인을 전개하고 있으며 직원교육을 통해 에너지 절약 의식을 높이고 에너지 절약 목표를 설정해 달성하도록 장려하고 있다. 에너지 절약 캠페인은 직원 참여를 유도해 에너지 낭비 요인을 줄이고 운영 효율성을 높이고 있다.

스마트 에너지 관리 시스템 도입: 스타벅스는 스마트 에너지 관리 시스템을 도입해 매장별 에너지 사용 데이터를 실시간으로 모니터링하고 분석해 에너지 소비 패턴을 파악하고 낭비 요인을 개선하고 있다. 데이터 기반 에너지 관리는 정확한 에너지 진단과 맞춤형 에너지 절감 전략 수립을 가능하게 해 효율성을 극대화하고 있다.

위 사례들은 ESG경영이 사회적 책임 활동을 넘어 기업의 비용 절감과 수익성 개선에 기여할 수 있음을 보여준다. 자원 효율성 극대화, 운영 효율성 향상, 리스크관리 강화, 혁신 촉진 등 ESG경영은 다양한 경로를 통해 기업의 재무적 성과를 높이는 전략이 될 수 있다. ESG경영을 '비용'이 아닌 '투자'로 인식하는 기업이 기회를 창출할 수 있다.

기회를 창출하는 기업들

환경문제 해결에 대한 사회적 요구 증가는 또 다른 기회다. 친환경 제품과 서비스 시장이 빠르게 성장하고 있기 때문이다. 폐기물 재활용, 신재생에너지, 탄소 감축 등은 새로운 비즈니스모델로 빠르게 성장하고 있다. ESG는 기업이 새로운 고객을 찾고 전에 없던 거대한 시장을 개척하는 기회의 문을 열어준다.

#러쉬(LUSH)
지속가능한 뷰티 혁신

러쉬는 화학성분에 대한 불안감 증가, 동물복지에 대한 관심 증대, 플라스틱 폐기물 문제 심각성 인식 확산 등 윤리적이고 친환경적 뷰티 제품에 대한 소비자 수요가 증가하는 기회를 포착했다. '착한 소비'를 추구하는 소비자들을 중심으로 새로운 뷰티시장을 창출했다.

그랜드뷰리서치(Grand View Research)의 2024년 보고서에 따르면, 글로벌 클린뷰티시장은 2023년 64억7,000만 달러에서 연평균 13.3% 성장해 2030년 163억4,000만 달러에 이를 것으로 전망되는 화장품시장의 틀을 깨고 새로운 고객층을 확보하며 빠르게 성장하고 있다.

러쉬(LUSH)는 '신선한 수제 화장품(Fresh Handmade Cosmetics)'라는 슬로건 아래 동물 실험을 하지 않고 신선한 자연원료를 사용하며 최소한의 포장 또는 재활용 가능한 포장재를 사용하는 윤리적인 뷰티 브랜드를 구축했다. 고체샴푸, 네이키드 제품 등 플라스틱 포장재를 최소화한 혁신 제품을 개발하고 공정무역, 지역사회 지원, 환경보호 캠페인 등 사회적 활동을 펼치며 윤리적 소비를 선도하고 있다.

차별화된 브랜드 철학: 윤리적 가치와 사회적 책임을 브랜드 핵심 가치로 내세우고 제품, 매장, 마케팅 등 모든 요소에 일관성 있게 반영했다.

제품 혁신: 고체샴푸, 네이키드 제품 등 플라스틱프리 제품을 개발해 친환경적 뷰티를 실현하고 새로운 제품 카테고리를 창출했다.

체험형 매장: 제품 시연, 상담 등 오프라인 매장에서 차별화된 고객 경험을 제공하고 브랜드 스토리를 효과적으로 전달했다.

소비자 참여: 윤리적 가치에 공감하는 소비자들과 소통하고 캠페인에 참여를 유도해 강력한 브랜드 커뮤니티를 구축했다.

진정성: 말뿐인 ESG마케팅이 아닌 실질적인 윤리경영과 사회적 책임 활동을 꾸준히 실천하며 진정성을 인정받았다.

글로벌 브랜드 성장: 50여 국에서 900여 매장을 운영하는 글로벌 뷰티 브랜드로 성장했다.

높은 브랜드 충성도: MZ를 중심으로 높은 브랜드 충성도를 확보하고 있으며 열성 팬층을 보유하고 있다.

윤리적 소비 트렌드 선도: 러쉬의 성공은 윤리적 소비 트렌드를 확산시키고 뷰티 산업 전반에 ESG경영 확산을 촉진하는 데 기여했다

사회적 임팩트: 동물실험 반대 캠페인, 환경보호 기금 조성, 공정무역 등을 통해 사회적 임팩트를 창출하고 있다.

#올버즈(Allbirds)
지속가능한 패션 혁신

올버즈는 패스트패션의 환경·사회적 문제에 대한 인식이 높아지고 윤리적 소비를 중시하는 소비자들이 증가하면서 지속가능한 패션 시장이 성장할 것이라는 기회를 포착했다. 환경 친화적이고 사회적 책임을 다하는 차별화된 패션 브랜드를 통해 새로운 시장을 개척했다

양모, 유칼립투스나무 섬유, 사탕수수 등 혁신적 친환경소재를 사용해 지속가능하고 편안한 신발을 개발했다 탄소배출량을 최소화하는 친환경적 생산 방식, 공정무역 및 윤리적인 노동환경을 보장하며 지속가능한 패션 브랜드로서 확고히 자리매김했다.

혁신적 친환경 소재: 메리노 울, 나무섬유 등 자연친화적 소재를 활용해 기능성과 지속가능성을 동시에 만족시키는 제품을 개발했다

투명한 공급망: 소재 생산 과정부터 제품 제조 과정까지 전 과정을 투명하게 공개하고 윤리적인 공급망을 구축해 소비자 신뢰를 얻었다.

미니멀 디자인: 심플하고 세련된 디자인으로 유행을 타지 않고 오래 신을 수 있는 제품을 추구하며 지속가능성 가치를 디자인에 반영했다

탄소배출량 라벨: 제품에 탄소배출량 라벨을 표기해 투명성을 높이고 소

비자들이 환경 영향을 고려한 윤리적 소비를 하도록 지원한다.

매출 성장: 올버즈는 매년 높은 매출 성장을 기록하며 빠르게 성장하고 있으며 글로벌 지속가능한 패션 시장을 선도하고 있다.

탄소배출량 감축: 탄소배출량 감축을 위한 노력을 지속하고 있으며 2023년 탄소배출량을 2020년 대비 25% 감축하는 성과를 거두었다.

B Corp 인증: 엄격한 기준을 통과해 B Corp 인증을 획득하며 사회적 책임과 환경적 지속가능성을 인정받았다.

브랜드 인지도: 할리우드스타 등 유명 인사들의 착용으로 브랜드 인지도가 높아지고 MZ를 중심으로 팬덤을 형성했다.

#프렌티(Plenty)
지속가능한 농업기술 혁신

기후변화로 인한 농업 생산성 감소, 식량안보 위협, 물 부족 문제 심화, 전통적 농업 방식의 환경 영향에 대한 우려 증가 등 지속가능한 식량 생산 시스템 구축의 필요성이 커지는 기회를 포착했다. 마켓츠앤드마켓츠(MarketsandMarkets)의 2024년 보고서에 따르면, "글로벌 스마트 농업 시장 규모는 2023년 174억 달러에서 연평균 12.2% 성장해 2028년에는 313억 달러에 이를 것"으로 전망하고 있다.

플렌티(Plenty)는 수직농장기술을 활용해 실내에서 수직으로 작물을 재배하는 혁신적 농업 방식을 개발했다. 물 사용량 95% 절감, 토지 사용량 99% 절감, 농약 및 살충제 불사용 등 환경 영향을 획기적으로 줄이고 날씨나 계절에 구애받지 않고 안정적인 작물 생산이 가능한 지속 가능한 식량 생산 시스템을 구축했다. 드론, 인공지능(AI), 사물인터넷 (IoT)기술 등을 활용한 스마트농업은 생산성을 혁신적으로 높이고 환경 영향을 최소화하는 지속가능한 농업의 핵심 솔루션으로 주목받고 있 다. 정밀농업기술, 수직농장, 스마트온실 등 다양한 분야에서 새로운 사 업 기회가 창출되고 있다.

혁신적 수직농장기술: 독자적 수직농장기술을 개발해 기존 농업 방식의 한계를 극복하고 생산성과 지속가능성을 동시에 확보했다

기술 융합: AI, 로봇, 센서, 데이터 분석 등 다양한 첨단 기술을 농업에 융합해 스마트농업을 실현하고 운영 효율성을 극대화했다

식량안보 기여: 기후변화에도 안정적인 식량 생산이 가능한 수직농장 기 술은 식량 안보 문제 해결에 기여할 수 있다는 점을 강조하며 사회적 가치를 어필했다

투자 유치: ESG투자 트렌드에 힘입어 소프트뱅크, 아마존 CEO 제프 베 이조스 등 유명 투자자들로부터 대규모 투자를 유치하며 성장 기반을 마련했다

데이터 기반 농업: 데이터 기반으로 생육 환경을 최적화하고 자동화 시스 템을 구축해 생산 효율성과 품질을 향상시켰다.

수직농장시장 선도: 플렌티는 수직농장기술 분야를 선도하고 있으며 글 로벌 수직농장시장 확대를 견인하고 있다.

환경 영향 저감: 플렌티의 수직농장은 기존 농업 방식 대비 물 사용량 95% 절감, 토지 사용량 99% 절감 등 환경 영향을 획기적으로 줄이는 효과를 입증했다.

생산성 향상: 수직농장기술을 통해 단위 면적당 생산량을 기존 농업 방식 대비 수십 배 높이는 성과를 거두고 작물 재배 속도를 높였다.

신선 농산물 공급: 도심 근교에 수직농장을 건설해 신선하고 안전한 농산물을 지역사회에 안정적으로 공급하는 시스템을 구축하고 있다.

기술 수출: 플렌티의 수직농장기술은 글로벌시장에서 높은 관심을 받고 있으며 기술 수출 및 해외 진출을 통해 사업 영역을 확대하고 있다.

#이베르드롤라(Iberdrola)
지속가능한 에너지 전환
ESG를 핵심 전략으로 재생에너지·스마트그리드시장 선점

스페인 기반의 글로벌 에너지기업 이베르드롤라는 탄소중립 목표 달성을 위한 전 세계적인 에너지 전환 흐름, 재생에너지 기술 발전 및 비용 경쟁력 확보, 스마트그리드 및 에너지 저장 시스템 중요성 증대 등 지속가능한 에너지 솔루션 시장의 폭발적인 성장 가능성을 포착했다. ESG를 핵심 전략으로 내세우고 재생에너지(풍력, 태양광)발전과 스마트그리드 구축에 집중 투자했다. 화석연료 발전 비중을 축소하고 ESG 채권 발행을 통해 ESG투자를 확대하며 지속가능한 에너지기업으로 변모하고 있다.

선제적 ESG 투자: 2000년대 초부터 재생에너지에 투자해 기술경쟁력과 시장 선점 효과를 확보했다

ESG 통합 경영: ESG를 사업전략, 투자 결정, 운영 방식 등 경영 전반에

통합해 ESG 시너지효과를 극대화했다

정부 정책 활용: 유럽연합(EU)의 그린딜정책 등 재생에너지 확대 및 탄소중립을 위한 정부 정책을 적극 활용했다

혁신적 기술 개발: 해상풍력발전, 스마트그리드, 에너지 저장 시스템 등 미래 에너지 기술 분야에 대한 R&D 투자를 강화하고 기술 혁신을 주도했다

재생에너지 발전 용량 확대: 글로벌 Top3 재생에너지기업으로 40GW 이상의 재생에너지 발전 용량을 확보하고 지속적으로 확대하고 있다. [출처: Iberdrola Annual Report 2024]

ESG채권 발행: 400억 유로 이상의 ESG채권을 발행해 재생에너지 프로젝트 투자 자금을 확보하고 ESG투자시장을 선도하고 있다. [출처: Iberdrola Green Finance Framework]

탄소배출량 감축: 2030년 탄소중립 목표 달성을 위해 노력하고 있으며 스코프 1&2 배출량을 2020년 대비 50% 이상 감축하는 등 괄목할 만한 성과를 거두고 있다. [출처: Iberdrola Climate Action Plan]

주주가치 증대: 이베르드롤라 주가는 10년간 두 배 이상 올랐으며 안정적인 배당과 지속성장을 통해 투자자들에게 높은 수익률을 제공하고 있다.

#헨켈(Henkel)

화학산업의 ESG 전환으로 미래 개척
기술혁신으로 지속가능한 제품·솔루션 개발, 순환경제모델 구축

헨켈은 접착제, 세제, 화장품 등을 생산하는 화학기업으로 환경규제 강화, 소비자 친환경제품 선호도 증가, 순환경제에 대한 사회적 요구 증대 등 화학산업의 ESG 전환 필요성이 커지고 있다는 기회를 포착했다. 기술혁신을 통해 지속가능한 제품과 솔루션을 개발하고 순환경제 모델을 구축해 화학산업의 ESG리더로 도약하고자 했다.

헨켈은 '지속가능한 발전을 위한 2030+야망(Sustainability Ambition 2030+)'이라는 ESG 목표를 설정하고 제품 개발, 생산, 포장, 사용, 폐기 등 제품 생애 주기 전반에서 지속가능성을 고려하고 있다. 재생가능한 원료 사용 확대, 탄소배출량 감축, 플라스틱 포장재 감축 및 재활용, 제품 안전성 강화 등 다양한 ESG경영 활동을 추진하고 있다.

오랜 ESG경영 역사: 140년 이상의 역사를 가진 헨켈은 1990년대부터 지속가능경영을 추진해 온 ESG경영 선구자다. ESG경영 노하우와 기업 문화가 내재화돼 있다.

기술혁신: 화이트바이오, 그린케미스트리 등 화학기술 혁신을 통해 지속가능한 제품과 솔루션을 개발하고 화학산업의 ESG 전환을 주도하고 있다.

순환경제모델: 플라스틱포장재 재활용, 제품 재활용 시스템 구축, 제품 렌탈 서비스 등 순환경제모델을 적극 도입해 자원 효율성을 높이고 폐기물 문제 해결에 기여하고 있다.

파트너십: NGO, 정부기관, 산업협회, 경쟁기업 등 다양한 파트너와 협력해 지속가능성 목표를 달성하고 ESG 생태계를 확장하고 있다.

투명한 보고: ESG경영 성과를 지속가능성 보고서를 통해 투명하게 공개하고 이해관계자와 소통하며 ESG경영에 대한 신뢰도를 높이고 있다.

지속가능한 제품 매출 증가: 헨켈의 지속가능한 제품 매출 비중은 꾸준히 증가하고 있으며 매출 성장을 견인하는 핵심 동력으로 작용하고 있다.

탄소배출량 감축: 2040년 탄소중립 목표 달성을 위해 노력하고 있으며 생산 시설, 물류, 제품 등 전 공급망에서 탄소배출량 감축 성과를 가시화하고 있다.

ESG평가: S&P Global CSA, EcoVadis 등 주요 ESG평가에서 최상위 등급을 획득하며 화학산업 ESG리더로 인정받고 있다.

혁신적 솔루션: 재활용 포장재, 생분해성접착제, 친환경세제 등 혁신적인 지속가능 솔루션을 개발해 화학산업의 ESG 전환을 선도하고 있다.

#SSAB(스웨덴철강)
탈탄소철강 생산 혁신
: 무탄소청정철강 생산기술 개발, 탄소중립 철강시장 선도

철강산업은 전 세계 탄소배출량에서 중요한 비중을 차지하는 산업이다. 철강산업은 전 세계 탄소배출량의 7~9%를 차지하는 것으로 추정되고 있다. 철강 생산은 주로 고온에서 탄소가 포함된 원료(석탄, 코크스 등)를 사용하는데 이 과정에서 다량의 이산화탄소(CO_2)가 배출된다. 특

히, 화석연료 기반의 고로법(blast furnace)이 주요 생산방식으로 탄소배출이 많다.

SSAB(스웨덴철강)는 기후변화 위협 심각성 증대, 탄소배출 감축을 위한 글로벌 규제 강화, 친환경철강에 대한 수요 증가 등 탈탄소철강시장의 성장 가능성을 포착했다. 전통적 철강산업의 탄소 집약적 생산 방식에서 벗어나 지속가능한 철강 생산으로의 전환을 통해 새로운 시장을 선점하고자 했다.

SSAB는 세계 최초로 화석연료를 사용하지 않고 수소환원제철기술을 활용해 탄소배출이 거의 없는 철강 생산을 목표로 하는 "하이브리트(HYBRIT, Hydrogen Breakthrough Ironmaking Technology)" 프로젝트를 추진하고 있다. 석탄 대신 수소를 환원제로 사용해 철강 생산 과정에서 발생하는 탄소배출량을 획기적으로 감축하는 기술혁신을 통해 탄소중립 철강시장을 개척하고 있다.

혁신기술 개발: 수소환원제철기술이라는 미래 기술에 대한 선제적인 투자와 지속적인 연구개발을 통해 기술경쟁력을 확보했다. 하이브리트(HYBRIT) 프로젝트는 SSAB, 광업기업 LKAB, 에너지기업 바텐폴(Vattenfall)간의 삼각파트너십(Tripartite Partnership)으로 추진돼 기술, 자본, 인프라 측면에서 시너지를 창출하고 있다.

ESG 가치 선도: '탄소중립철강'이란 명확한 ESG 목표를 설정하고 ESG 경영을 기업의 핵심 가치로 내세워 차별화된 브랜드 이미지를 구축했다. ESG를 단순한 트렌드가 아닌 기업의 존재이유로 내재화했다.

정부·산업계 지원: 스웨덴 정부의 탄소중립 정책 및 하이브리트 프로젝트에 대한 적극적인 지원과 철강산업계의 ESG 전환 동참 분위기 조성은

SSAB의 혁신적인 시도를 뒷받침하는 중요한 요소가 됐다.

고객 수요 창출: 친환경제품에 대한 프리미엄을 지불하려는 수요가 증가하는 추세에 발맞춰 '무탄소청정철강(Fossil-Free Steel)'이라는 새로운 시장을 창출하고 ESG 가치를 중시하는 고객들을 확보하고 있다. 자동차, 건설, 기계 등 다양한 산업 분야에서 친환경철강 수요가 증가하고 있다.

투명한 ESG커뮤니케이션: 하이브리트 프로젝트 진행 상황과 ESG 성과를 투명하게 공개하고 이해관계자들과 소통하며 ESG경영에 대한 신뢰도를 높이고 있다.

세계 최초 무탄소청정철강 생산: 2021년 세계 최초로 무탄소청정철강(Fossil-Free Steel) 시험생산에 성공하고 2026년 상업생산을 목표로 하고 있다.

탄소배출량 감축 목표: 2030년까지 스웨덴 내 탄소배출량 25% 감축, 2045년 탄소중립 목표를 설정하고 하이브리트 프로젝트를 통해 탄소배출량 감축에 크게 기여할 것으로 예상된다.

주가 상승 및 투자 유치: SSAB의 ESG 혁신 노력은 투자시장에서 긍정적인 평가를 받고 있으며 주가 상승과 ESG투자금 유치로 이어지고 있다.

산업 패러다임 변화 선도: SSAB의 무탄소청정철강 생산은 탄소 다배출 산업으로 여겨졌던 철강산업의 탈탄소화 가능성을 제시하고 산업 패러다임 변화를 선도하고 있다. 글로벌 철강기업들의 ESG경영 확산에 촉매제 역할을 하고 있다.

프리미엄 제품 시장 창출: 무탄소청정철강은 프리미엄 친환경철강시장을 창출하며 SSAB의 수익성 개선에 기여할 것으로 기대된다.

#머스크(Maersk)
지속가능한 물류 혁신
탄소중립 목표 설정, 그린연료 전환, 지속가능한 물류 솔루션 개발

물류·운송 산업은 전 세계 탄소배출량의 15~20%를 차지하며 ESG 경영 압력이 매우 높은 분야다. 기후변화에 대한 기업 책임 요구 증대, 해운산업의 환경규제 강화, 친환경물류에 대한 고객 수요 증가 등 지속가능한 물류서비스시장의 성장 가능성을 포착했다. 탄소중립 물류를 선도해 경쟁우위를 확보하고 성장동력을 창출하고자 했다.

세계 최대 해운·물류기업 머스크는 2040년 탄소중립 목표를 설정하고 선박연료를 화석연료에서 메탄올, 암모니아 등 그린연료로 전환하는 과감한 탈탄소전략을 추진하고 있다. 메탄올추진선 발주, 바이오 연료 사용 확대, 육상물류의 전기차 전환, 운항 최적화 등 다각적인 노력을 통해 탄소중립 물류를 실현하고 있다. 고객들에게 탄소배출량 감축을 지원하는 친환경 물류 솔루션을 제공하며 지속가능한 물류시장을 선도하고 있다.

선도적 탄소중립 목표: 2050년이 아닌 2040년 탄소중립이라는 매우 도전적 목표를 설정하고 구체적 실행 계획을 수립해 ESG리더십을 확보했다. 과학기반감축목표이니셔티브(SBTi)의 $1.5°C$ 목표를 해운산업 최초로 승인받았다.

그린연료 전환 투자: 메탄올추진선 발주, 바이오연료 공급망 구축, 그린수소 및 암모니아 연료기술 개발 등 그린연료 전환에 막대한 투자를 단행하고 있다. 친환경연료시장을 선점하기 위한 과감한 투자다.

고객 협력: 화주기업들과 협력해 탄소배출량 감축 목표를 공동으로 설정하고 친환경물류 솔루션 도입을 지원하는 파트너십을 구축하고 있다. 고객과 함께 탄소중립 여정을 함께하는 가치사슬(Value Chain) 협력 모델을 구축하고 있다.

디지털기술 활용: AI, 빅데이터 분석, IoT 등 디지털 기술을 활용해 운항 경로 최적화, 선박 운항 효율성 향상, 에너지 소비량 절감 등 물류 운영 효율성을 극대화하고 탄소배출량을 감축하고 있다. 디지털전환과 ESG 경영을 융합하고 있다.

ESG 프리미엄 서비스: 친환경물류서비스에 대한 프리미엄 가격정책을 도입하고 탄소배출량 감축을 원하는 고객들에게 차별화된 ESG서비스를 제공하며 새로운 수익모델을 창출하고 있다.

메탄올추진선 발주: 세계 최초로 메탄올추진 컨테이너선을 발주하고 2024년부터 운항을 시작했다. 2025년까지 19척의 메탄올추진선을 확보할 계획이며 그린연료 전환을 가속화하고 있다.

바이오연료 사용 확대: 바이오연료 사용량을 지속적으로 확대해 2030년까지 운항 연료의 50%를 그린연료로 대체하는 것을 목표로 하고 있다.

탄소배출량 감축: 2020년부터 탄소배출량 감축 추세를 이어가고 있으며 2030년까지 2020년 대비 50% 감축 목표로 노력하고 있다.

ESG 평가: CDP, Sustainalytics, MSCI ESG Ratings 등 주요 ESG평가에서 우수한 등급을 획득하며 ESG경영 선도 기업으로 인정받고 있다.

고객과 투자자 신뢰: ESG리더십은 고객과 투자자들의 신뢰를 높이고 있으며 ESG가치를 중시하는 고객을 유치하고 ESG투자 자금을 확보하는 데 기여하고 있다.

#ING그룹(ING Group)
지속가능금융 선도, 녹색금융상품 혁신, ESG 통합 금융 전략

ING그룹은 기후변화, 사회문제 심각성에 대한 인식이 확산되고 ESG 경영이 기업의 생존과 번영에 필수적인 요소로 부상하면서 지속가능금융시장이 급성장할 기회를 포착했다. 녹색채권, 지속가능연계대출 등 ESG금융상품에 대한 투자자 수요 증가, 기업들의 ESG경영 자금 조달 니즈 증가 등 새로운 금융시장을 개척하고자 했다.

글로벌경제의 불확실성에도 기후변화, 사회문제 해결에 대한 투자자와 기업들의 관심이 꾸준히 증가하면서 지속가능성장 금융은 주류 금융시장의 중요한 한 축으로 자리매김하고 있다. 글로벌지속가능투자연합(GSIA)이 발표한 보고서 〈2024 Global Sustainable Investment Review〉에 따르면, 2024년 말 기준 글로벌 지속가능 투자 자산 규모는 35조3,000억 달러로 2023년(30조 3,000억 달러) 대비 16.5% 증가했다. 2023년 성장률(2022년 대비 22% 성장)에 비하면 성장폭은 다소 줄었지만 여전히 상당한 성장세를 유지하고 있다. 〈블룸버그NEF〉(BloombergNEF)의 보고서 〈2024에너지전환투자트렌드〉(Energy Transition Investment Trends)에 따르면, 2023년 에너지 전환 투자는 1조7,700억 달러를 기록하며 사상 최대치를 경신했다.

ING그룹은 "우리는 지속가능성에 헌신하고 있다.(We are committed to sustainability)"는 슬로건 아래 지속가능금융을 기업의 핵심 전략으로 삼고 있다. 녹색채권(Green Bond) 발행, 지속가능연계대출 제공 등 다양한 ESG 금융상품을 개발하고 ESG평가를 투자 및 대출 심사에 반영하는

ESG 통합금융 전략을 적극 추진하고 있다. 기후변화 대응, 사회적 책임 투자 등 ESG 가치를 금융 상품과 서비스에 녹여내며 지속가능금융 시장을 선도하고 있다.

선제적 ESG경영 도입: 1990년대부터 지속가능경영을 시작해 ESG경영에 대한 오랜 경험과 노하우를 축적했다. ESG경영을 기업문화로 내재화하고 지속가능성을 기업가치로 삼았다.

CEO의 강력한 리더십: 랄프 해머스(Ralph Hamers, 전 CEO)를 비롯한 최고 경영진은 지속가능금융을 미래 금융시장의 핵심 경쟁력으로 인식하고 ESG경영을 적극 주도했다.

혁신적 ESG금융상품 개발: 녹색채권, 지속가능연계대출, ESG펀드 등 다양한 ESG 금융상품을 개발해 투자자와 기업의 ESG니즈를 충족시키고 새로운 금융시장을 창출했다.

ESG 통합 금융 전략: ESG평가를 투자 및 대출 심사 기준에 반영하고 ESG리스크 관리 시스템을 구축해 금융포트폴리오의 ESG 수준을 향상시키고 ESG리스크를 관리했다.

투명한 ESG 정보 공개: ESG경영 전략, 목표, 성과를 지속가능성보고서를 통해 투명하게 공개하고 CDP, TCFD 등 글로벌 ESG 이니셔티브에 적극 참여하며 ESG경영 투명성을 높이고 있다.

녹색채권 발행 선도: 글로벌 녹색채권시장 성장을 주도하고 있다. 누적 녹색채권 발행액은 수십억 유로에 달한다.

지속가능연계대출 확대: 지속가능연계대출시장에서도 선도적 역할을 하고 있으며 다양한 산업 분야의 기업에 ESG 목표 달성을 조건으로 금리 혜택을 제공하는 지속가능연계대출을 확대하고 있다.

ESG 금융자산 증가: ING그룹의 ESG 금융자산 규모는 지속적으로 증가하고 있으며 ESG금융이 수익성과 성장성을 동시에 확보할 핵심 사업으로 자리매김하고 있다.

ESG평가: 다우존스 지속가능경영지수(DJSI), FTSE4Good, MSCI ESG Ratings 등 주요 ESG평가에서 최상위 등급을 획득하며 지속가능금융 리더 기업으로 인정받고 있다.

사회적 임팩트: 녹색채권 및 지속가능연계대출을 통해 재생에너지 프로젝트, 친환경빌딩 건설, 지속가능한 농업 등 ESG 임팩트가 큰 다양한 프로젝트에 자금을 지원하고 지속가능한 사회를 구축하는 데 기여하고 있다.

위 사례는 ESG경영이 특정 산업에 국한되지 않고 다양한 산업 분야에서 새로운 기회를 창출하고 있으며 ESG는 기업의 지속가능한 성장을 견인하는 핵심 동력임을 보여주고 있다. 화석연료 의존도가 높은 철강, 물류, 화학, 패션 산업 등에서 ESG경영을 선도하는 기업들은 ESG를 미래경쟁력을 확보하는 핵심 투자이며 지속가능한 미래를 위한 전략으로 접근하고 있다. ESG는 기업의 성장 방식을 근본적으로 변화시키는 도전의 시대를 열고 있다. 밀려오는 ESG 파고 속에서 기업은 '규제에 머물 것인가', '기회로 전환할 것인가' 그 선택에 따라 기업의 미래는 달라질 것이다.

E
S
G

왜
커뮤니케이션이
중요한가?

성공 ESG경영의 조건

재무적 성과는 단기 실적만으로는 설명되지 않는다. ESG 같은 비재무적 성과가 기업의 미래가치를 판단하는 중요한 기준이 되고 있기 때문이다. ESG경영을 잘하는 기업이 장기적으로 재무성과를 낼 가능성이 높다고 평가한다. 기업이 ESG경영 활동을 대내외적으로 효과적으로 전달하는 일이 더욱 중요해지고 있다. ESG커뮤니케이션은 기업의 ESG활동이 대내외적으로 정확하게 평가받도록 하는 커뮤니케이션 전략으로 성공 ESG경영의 필수조건이다.

ESG커뮤니케이션은 기업의 ESG경영을 효과적으로 내외부와 커뮤니케이션하고 이를 통해 긍정적 평판과 신뢰를 구축하는 전략적 도구다. 기업의 ESG활동과 성과를 이해관계자들에게 명확히 전달하고 그들의 이해와 지지를 얻기 위해 메시지를 전달하는 사람(발신자), 전달하려는 내용(메시지), 전달 방법(채널), 정보를 받는 사람(수신자), 반응(피드백), 방해 요소(소음), 주변환경(맥락) 등 다양한 커뮤니케이션 요소를 체계적으로 설계하고 실행하는 것이다.

효과적인 ESG커뮤니케이션을 위해서는 여러 커뮤니케이션 요소를 유기적으로 결합해야 한다. 발신자는 신뢰할 수 있는 인물이어야 하며 메시지는 ESG경영의 핵심 가치를 명확하고 구체적으로 반영해야 한다. 적합한 채널을 선택해 메시지를 전달해야 하며 수신자의 관심사와 요구에 맞춘 메시지가 필요하다. 메시지가 왜곡되거나 전달을 방해하는 소음 요소들을 제거해야 하며 사회·경제적 환경에 맞춰 메시지를 적절하게 조정해야 한다. 이 모든 과정은 단순한 정보 전달을 넘어 이해관계자와의 상호작용을 통해 기업의 진정성을 전달하고 신뢰를 쌓는 전략적 의도를 담고 있다. 이처럼 ESG커뮤니케이션의 핵심은 전략적으로 커뮤니케이션 요소들을 최적화해 기업의 ESG활동이 제대로 평가받고 이해관계자들의 공감과 지지를 얻어내는 것이다.

ESG커뮤니케이션은 연례보고서나 웹사이트에 정보를 게시하는 것을 넘어 기업의 ESG경영 전략을 전파하고 그 가치를 투자자, 소비자, 직원, 규제기관, NGO 등 대내외 이해관계자와의 상호작용을 통해 실현하는 중요한 전략이다. 이를 통해 기업은 긍정적 평가와 지원을 얻고 지속가능하고 성공적인 ESG경영을 이끌어갈 수 있다. 효과적인 ESG커뮤니케이션이 없으면 기업의 ESG활동은 제대로 평가받지 못할 위험이 크다. 글로벌 차원에서 ESG경영에 대한 요구가 커질수록 전략적 커뮤니케이션이 중요해지는 이유다.

ESG DNA를 심는 전략

　기업에 ESG DNA를 심으면 조직 전체가 ESG라는 가치관을 공유하며 유기적으로 움직인다. ESG 가치가 내재화된 기업문화를 의미한다. 공동의 목표를 달성하기 위해 구성원 모두가 핵심 가치와 방향에 깊이 공감하고 이해하는 것이 필수적이며 이 중요한 역할을 수행하는 핵심 활동이 커뮤니케이션이다. ESG커뮤니케이션은 ESG 요소를 기업의 DNA로 뿌리내리게 하는 전략이다.

　기업문화 속에 환경, 사회, 거버넌스 같은 ESG 가치가 자연스럽게 스며들어 있을 때 ESG는 더 이상 특정 부서의 업무나 외부 이미지 관리를 위한 활동에 국한되지 않는다. CEO부터 신입사원에 이르기까지 모든 구성원의 일상업무 자체가 ESG경영이라는 공동의 목표를 향해 자연스럽게 하나로 융합된다. 이는 기업 문화가 구성원들의 가치관과 행동방식을 통해 몰입도, 동기 부여, 팀워크를 향상시키는 강력한 힘을 지니기 때문이다.

　효과적 커뮤니케이션은 회사가 ESG경영을 왜 중요하게 생각하는지, 이러한 노력이 회사의 성장뿐 아니라 개개인의 업무와 어떻게 연결되는지, 나아가 사회 전체에 어떤 긍정적 영향을 미칠 수 있는지를 직원들이 진정으로 이해하고 공감하도록 만드는 것이다. ESG 목표와 가치가 공유될 때 직원들은 ESG경영을 단순한 의무가 아닌 '우리 모두의 중요한 목표'로 받아들이고 이는 모든 업무에 일관된 행동을 취하는 기준이 된다. 예컨대, 환경보호를 형식적 캠페인으로 여기는 것이 아니라 구성원 모두가 자신의 자리에서 제품 설계 단계부터 친환경소재를 고민하고 생산 과정에서 에너지 효율을 높이는 등 실질적인 행동 변화를 자발적으로 이끌어낼 수 있다.

효과적인 커뮤니케이션은 ESG경영에 대한 전사적인 몰입을 높이는 핵심 동력이다. ESG경영은 특정 부서나 일부 인력의 노력만으로는 달성하기 어렵다. 모든 구성원의 적극적인 관심과 참여가 필수다. 경영진의 의지가 아무리 강해도 직원들이 ESG의 필요성을 인식하지 못하면 동기 부여를 기대하기 어렵다. ESG경영은 각 선수가 자신의 포지션에서 최선을 다하고 동료와 협력해 승리하는 공동의 목표를 향해 나아가는 것처럼 모든 구성원이 자발적으로 역할에 몰입하고 협력할 때 성공할 수 있다. 커뮤니케이션은 모든 직원이 자신이 맡은 역할에서 ESG목표 달성에 능동적으로 기여하도록 이끌어내는 역할을 한다. ESG커뮤니케이션은 직원들이 ESG경영을 이해하고 공감해 자발적 실천으로 이끄는, 즉 ESG DNA를 성공적으로 내재화하는 핵심 전략이다.

이해관계자 팬심을 얻는 전략

"우리 기업의 ESG경영은 이해관계자들에게 지지받고 있는가?"

성공적인 ESG경영을 판가름하는 질문이다. 투자자, 소비자, 직원, 협력업체, NGO, 정부, 지역사회 등 이해관계자들의 지지가 ESG경영의 성패를 좌우하기 때문이다. 성공적인 ESG경영은 핵심 이해관계자들의 지지를 기반으로 한다. 기업에 자본을 제공하는 투자자, 기업의 핵심 역량을 구성하는 직원, 제품과 서비스를 이용하는 소비자, 사회적 가치를 옹호하는 NGO 및 시민단체, ESG 관련 정책과 규제를 시행하는 정부 및 규제기관, 그리고 기업의 활동 기반이 되는 지역사회의 '팬심', 즉 깊은 공감과 지지, 신뢰를 확보하는 것이 중요하다. ESG커뮤니케이션은 이해관계자들의 마음을 얻고 긍정적 관계를 구축하는 전략이다.

투자자의 경우 ESG 성과가 미흡하거나 ESG리스크 관리에 소홀한 기업에 대해서는 투자를 철회하거나 투자를 꺼리는 경향이 있다 반대로, ESG경영을 투명하게 공개하고 적극 실천하는 기업은 성장 가능성과 안정성을 인정받아 투자 유치에 유리하며 ESG투자라는 기회를 얻을 수 있다

소비자는 ESG에 대한 인식이 높아지고 있다. 기업의 진정성이 부족하거나 ESG워싱으로 인식될 경우 불매운동 같은 치명적 리스크를 초

래할 수 있다. 친환경제품이라도 소비자의 불편함 등 그들의 니즈를 충족시키지 못하면 리스크를 야기할 수 있다. 진정성 있는 ESG경영 활동을 바탕으로 소비자들이 윤리적이고 친환경적인 가치를 이해하고 공감하도록 효과적으로 커뮤니케이션 하는 기업은 강력한 브랜드 충성도를 확보하고 시장 창출 기회를 잡을 수 있다.

직원의 경우 기업의 ESG경영에 대한 진정성이 부족하다고 느낄 때 소속감 저하나 이직률 증가 같은 리스크가 발생할 수 있다. 특히 ESG 가치를 중요하게 생각하는 젊은 인재를 유치하는 데 어려움을 겪을 수 있다. 기업이 ESG경영의 필요성과 목표를 직원들에게 명확하게 알리고 의견을 경청하며 참여를 독려하는 적극적인 내부 커뮤니케이션을 펼치면 직원들은 기업의 노력에 공감하고 자긍심을 느끼며 업무에 몰입하게 돼 인재 확보와 유지에 긍정적 영향을 미치는 기회가 된다.

NGO와 시민단체는 기업의 ESG활동을 날카롭게 감시하며 사회적 문제에 대한 인식을 높이고 기업의 책임 있는 행동을 촉구하는 중요한 역할을 한다. 기업이 NGO와 시민단체와 투명하게 소통하고 그들의 우려 사항을 경청하지 않을 경우 부정적인 캠페인이나 비판적인 보고서 발표와 같은 리스크에 직면할 수 있다. NGO와 적극 소통하고 협력해 사회적 가치 창출에 기여하는 모습을 진솔하게 알리고 그들의 전문성을 활용해 ESG경영의 신뢰도를 높이는 노력을 투명하게 전달하면 협력관계를 구축하고 기업 이미지와 신뢰도를 동시에 높이는 기회를 얻을 수 있다.

정부 및 규제기관은 ESG 관련 법규와 정책을 통해 기업의 행동을 규제하고 유도한다. 환경규제, 노동법, 공정거래법 등 다양한 규제를 준수하지 못할 경우 기업은 벌금, 법적 제재, 사업 운영 제약 등의 리스크에 직면하게 된다. 기업이 정부 및 규제기관의 정책 방향을 제대로 이해하고 적극 소통하며 협력관계를 구축하면 규제 변화에 선제적으로 대응해 불이익을 최소화하고 정부 지원, 세제 혜택, 정책 변화에 대한 유리한 위치 확보 등의 기회를 얻을 수 있다

지역사회는 기업의 직접적인 운영 환경에 놓여 있으며 기업의 활동으로 인해 큰 영향을 받을 수 있다. 환경오염, 소음, 교통체증 등 기업활동이 지역사회에 부정적 영향을 미칠 경우 지역주민들과의 소통 부재는 반발과 신뢰 상실로 이어져 기업 이미지 하락 및 사업 운영의 어려움을 초래할 수 있다. 기업이 지역사회와 진정성 있게 소통하고 지역사회 발전에 기여하는 활동을 투명하게 알리며 환경보호에 참여하는 모습을 보이면 지역주민들의 긍정적 평가와 지지를 얻어 사업 운영의 안정성을 높이고 사업 기회를 창출할 수 있다.

ESG커뮤니케이션은 다양한 이해관계자의 기대를 충족시키는 핵심 전략이다. ESG경영의 비전과 목표, 활동 및 성과를 명확히 전달하고 이해관계자들의 의견을 경청해 경영에 반영함으로써 투자 유치, 소비자 충성도 강화, NGO 협력 증진, 정부 규제 준수, 지역사회와의 긍정적 관계 형성, 직원 만족도·몰입도 향상까지 성공을 이끌어내는 역할을 한다.

위기를 기회로 바꾸는 전략

ESG커뮤니케이션은 위기를 감지하고 효과적으로 대응하며 나아가 기회를 포착해 성장을 이끌어내는 전략적 도구다. ESG경영은 기업의 지속가능한 성장을 위한 끊임없는 여정이기에 아무리 ESG경영을 선도하는 기업이라도 변화하는 경영환경 속에서 리스크와 기회를 제대로 간파하지 못하면 어려움에 직면할 수 있다.

ESG경영 리더로 평가받던 오스테드의 사례는 이를 잘 보여준다. 오스테드는 미국 해상풍력시장의 성장 가능성을 높게 보고 투자를 확대했지만 인허가 지연, 주민 반발, 환경규제 강화 등 예상치 못한 난관에 부딪히면서 경제성이 악화돼 결국 철수하고 대규모 손실을 기록했다. 이 소식이 알려지자 오스테드의 주가는 급락하고 투자자 신뢰도 크게 하락했다. 이는 ESG경영을 선도하는 기업조차 변화하는 경영환경에 대한 지속적인 경각심, 고도화된 위기 감지 및 대응 시스템, 그리고 투명하고 진솔한 커뮤니케이션을 통한 이해관계자와의 신뢰 구축이 얼마나 중요한지를 보여준다.

ESG경영 환경에서 위기는 환경적, 사회적, 경제적 요소들이 복합적으로 작용하며 예상치 못한 순간에 발생할 수 있다. 금리 인상, 정책 변화 같은 환경 변화에서 소셜미디어를 통한 소비자 불만 확산, 지역사회

반발, 국제적 규제 변화까지 다양한 형태로 나타날 수 있다. 이러한 불확실한 상황에서 이해관계자들과의 꾸준한 커뮤니케이션을 통해 쌓아온 신뢰는 위기를 조기에 감지하고 성장 기회로 전환하는 강력한 힘이 된다.

이해관계자들과의 효과적인 커뮤니케이션 시스템이 부재한 기업은 위험 신호를 놓치거나 위기 대응이 늦어 문제를 더욱 확산시킬 수 있다. 한때 사진필름시장을 장악했던 코닥은 수많은 특허기술과 브랜드 자산을 보유했음에도 디지털사진 방식을 선호하는 소비자 트렌드 변화를 감지하지 못해 도태됐다. BMW는 화학물질 배출 문제로 위기를 맞았을 때 적극 친환경 대책을 마련하고 투명하게 정보를 공개하며 이해관계자들과 소통해 신뢰를 회복할 수 있었다.

효과적인 ESG커뮤니케이션 시스템을 구축한 기업은 위기를 신속하게 포착하고 기업이 어떻게 문제를 해결해 나갈지에 대한 명확한 메시지를 빠르게 전달해 신뢰를 지키고 회복할 기회를 제공한다. 나아가 감지된 위기를 기업의 혁신과 성장의 발판으로 삼는 강력한 도구가 될 수 있다. 이해관계자들의 지지와 신뢰를 얻는 커뮤니케이션은 위기를 최소화하고 경쟁력을 강화하는 기회로 전환하는 힘을 가지고 있다. 위기 상황을 빠르게 감지하고 대응하는 능력, ESG경영을 통해 얻을 기회를 포착하는 능력은 경쟁력을 높이는 요소가 된다.

#델타항공(Delta Air Lines)
인종차별 논란을 다양성과 포용성 강화 계기로

2018년 델타항공은 흑인 승객에게 인종차별적 대우를 했다는 논란에 휩싸였다. 흑인 승객에게만 수하물 칸에 짐을 싣도록 강요했다는 주장이 제기되면서 소셜미디어를 중심으로 비난 여론이 확산됐다. '인종차별기업'이라는 이미지는 브랜드 명성에 심각한 타격을 줄 수 있었다. 델타항공은 인종차별 논란을 해프닝으로 치부하지 않고 위기를 통해 '다양성과 포용성을 존중하는 기업'으로 거듭날 기회를 포착했다.

공식 사과와 재발 방지 약속: 논란 발생 직후 델타항공 CEO는 성명을 발표하고 피해 승객에게 진심으로 사과했다. 재발 방지를 위해 최선을 다할 것을 약속하고 "내부 조사 및 개선 조치를 신속하게 진행하겠다"고 밝혔다. 책임 회피가 아닌, 솔직하게 잘못을 인정하고 개선 의지를 표명하는 모습을 보여주었다.

다양성과 포용성 강화 노력 공개: 실질적 변화를 위한 교육 프로그램 개선 계획, 다양성위원회 설립 계획, 소수인종커뮤니티 지원 확대 계획 등을 구체적으로 발표하고 진행 상황을 투명하게 공개해 실질적인 변화를 위한 노력을 보여주었다.

다양성과 포용성 캠페인 전개: 다양한 인종과 문화적 배경을 가진 승객과 직원의 모습을 담은 광고캠페인으로 '다양성을 존중하는 항공사' 이미지를 구축하고자 했다. 다양성 관련 사회공헌활동을 강화하고 관련 행사를 후원하는 등 포용적인 기업문화를 만들기 위한 노력을 지속적으로 커뮤니케이션했다.

델타항공의 진정성 있는 사과와 재발 방지 노력, 그리고 다양성·포용성 강화 노력은 소비자들의 긍정적 반응을 이끌어냈다. 인종차별 논란으로 실추됐던 명성을 회복하고 '다양성과 포용성을 중시하는 기업'이라는 이미지를 구축하는 데 성공했다. ESG경영의 'S(사회적 책임)' 측면에서 사회적 가치를 창출해 명성을 강화할 수 있음을 보여주는 사례다. 위기를 '다양성'과 '포용성'이라는 핵심 가치를 내재화하고 강화하는 기회로 활용한 사례다.

#나이키(Nike)
노동 착취 논란을 윤리경영, 투명한 공급망 구축 계기로

1990년대 나이키는 개발도상국 공장에서 아동노동 착취, 열악한 노동 환경, 낮은 임금 등의 윤리적 문제에 대한 국제적 비판에 직면했다. NGO, 언론, 소비자들은 나이키의 비윤리적 생산 방식에 대해 강력하게 비판했고 불매운동이 확산되면서 나이키는 심각한 위기에 직면했다. '비윤리적 기업'이라는 낙인은 나이키의 성장 잠재력을 위협했다.

나이키는 노동 착취 논란을 윤리경영을 기업의 핵심 가치로 삼고 공급망 투명성을 강화하는 계기로 활용했다. 윤리적 생산 시스템 구축, 노동환경 개선, 공급망 관리 강화 등 ESG경영에 적극 투자해 '윤리적인 스포츠 브랜드'로 이미지를 쇄신하고자 노력했고 위기를 통해 윤리경영 선도 기업으로 도약할 기회를 포착했다.

〈기업책임보고서〉(Corporate Responsibility Report) 발간: 1990년대 후반부터 〈기업책임보고서〉를 발간해 노동환경 개선 노력, 공급망 관리 시스템, 사회공헌활동 등을 투명하게 공개하기 시작했다. ESG 정보를 적극 공개해 이해관계자들과 소통하고 투명성을 높이는 노력을 보여주었다.

공급망 투명성 강화: 하청공장 목록 공개, 노동 감시 프로그램 도입, 외부 감사 실시 등 공급망 투명성을 강화하기 위한 조치를 시행했다. 공급망 문제에 대한 외부의 우려를 해소하고 윤리적 생산 시스템 구축을 위해 노력하는 모습을 보여주었다.

'움직임을 위해(Purpose-led Performance)' 캠페인: "Just Do It" 슬로건과 함께 "움직임을 위해(Purpose-led Performance)"라는 새로운 캠페인을 전개해 윤리적이고 지속가능한 방식으로 제품을 생산하고 사회적 책임을 다하는 브랜드 이미지를 구축하고자 했다. 소비자들에게 나이키의 윤리경영 철학을 효과적으로 전달하고자 노력했다.

NGO, 이해관계자와 협력: 노동환경 개선을 위해 NGO, 노동단체 등과 적극 협력하고 대화 채널을 구축했다. 이해관계자들의 의견을 경청하고 ESG경영 시스템 개선에 반영하는 등 개방적 소통 방식을 통해 신뢰를 구축하고자 노력했다.

나이키의 지속적인 윤리경영 노력과 투명한 ESG커뮤니케이션은 소비자들의 신뢰 회복에 크게 기여했다. '비윤리적 기업'이라는 오명을 벗고 '윤리적인 스포츠 브랜드' 이미지를 구축하는 데 성공했다. ESG경영을 강화하면서 오히려 브랜드 가치를 높이고 경쟁우위를 확보하는 긍정적 효과를 거두었다. 윤리적 소비를 중시하는 소비자들에게 나이키는 매력적인 브랜드로 자리매김하게 됐다. 노동 착취 논란의 심각한 위기를 윤리경영 선도 기업으로 발돋움하는 발판으로 성공적으로 전환한 사례다. ESG경영의 'S(사회적 책임)'및 'G(거버넌스)' 요소를 강화하고 투명하게 커뮤니케이션하는 것이 명성 회복과 경쟁력 강화에 얼마나 중요한지 보여주는 사례다.

#도미노피자(Domino's Pizza)
'최악의 피자' 오명 씻고 솔직함과 변화로 재도약

2009년 도미노피자는 "맛없는 피자", "최악의 피자"라는 혹평에 직면하며 심각한 위기를 겪었다. 온라인과 소셜미디어에서는 도미노피자에 대한 부정적 평가가 쏟아졌고 매출은 급감했다. 소비자들은 더 이상 도미노피자를 찾지 않았고 브랜드 이미지는 추락했다.

도미노피자는 위기를 회피하거나 부정하는 대신 정면으로 마주하고 '솔직함'을 무기로 삼았다. 소비자들의 비판을 겸허하게 수용하고 제품 품질 개선과 브랜드 이미지 쇄신을 통해 재도약을 시도했다. 위기를 통해 진정성 있는 변화를 보여줄 기회를 포착한 사례다.

'피자 개선 프로젝트(Pizza Turnaround)' 캠페인: 도미노피자는 2009년 말, '피자 개선 프로젝트'라는 대대적인 캠페인을 시작한다. CEO가 나서 "우리 피자가 맛없다는 것을 인정한다(We admit, our pizza isn't good enough)"고 솔직하게 고백하는 광고를 제작해 충격을 주었다.

소비자 피드백 적극 반영: 소비자들의 피드백을 수렴하기 위해 소셜미디어, 온라인포럼, 고객센터 등 다양한 채널을 활용했다. 피드백을 바탕으로 피자 레시피, 재료, 제조 방식 등 제품 전반을 근본적으로 개선했다.

변화 과정을 투명하게 공개하며 소비자들과 소통했다.

솔직마케팅(Honest Marketing): 피자 맛에 대한 솔직한 평가를 담은 광고 비하인드 스토리 영상, 고객 인터뷰 영상 등을 제작해 진솔한 브랜드 이미지를 구축했다. "우리는 완벽하지 않지만 끊임없이 개선하겠다"는 메시지를 진정성 있게 전달했다.

도미노피자의 '피자 개선 프로젝트'는 소비자들의 열렬한 지지를 얻으며 대성공을 거두었다. 솔직하고 진솔한 커뮤니케이션은 오히려 소비자들의 신뢰를 회복하고 브랜드 호감도를 높였다. 제품 품질 개선과 혁신적인 메뉴 출시도 긍정적 영향을 미쳤다. 도미노피자는 브랜드 위기를 극복하고 매출 급증과 주가 상승이라는 놀라운 반전을 이루어냈다. "최악의 피자"에서 "사랑받는 피자 브랜드"로 이미지를 쇄신하고 경쟁력을 강화하는 데 성공했다. ESG경영 기업 사례는 아니지만 위기를 '솔직함'과 '변화'라는 무기로 활용해 재도약의 발판을 마련했다.

'열심히'보다 '잘'하기

"우리 회사는 이해관계자들과 커뮤니케이션을 '열심히' 하고 있을까, '잘'하고 있을까?"

ESG커뮤니케이션도 노력하는 것보다 잘해야 한다. ESG경영의 성과와 비전을 제대로 전달하지 못하면 투자자, 소비자 등 어떤 이해관계자로부터도 지지를 얻기 어렵기 때문이다. 많은 기업이 ESG보고서를 발간하고 다양한 캠페인을 펼치며 '열심히' 자사의 ESG활동을 알리려 하지만 그 노력의 성과는 결국 얼마나 '잘'했느냐에 달렸다.

ESG커뮤니케이션에서 '잘' 한다는 것은 효과성과 영향력에 초점을 맞춘 전략적 접근을 의미한다. '열심히' 하는 커뮤니케이션은 많은 양의 정보를 쏟아내는 것과 같다. 아무리 방대한 보고서를 내고 여러 채널로 메시지를 반복해도 내용이 이해관계자의 관심사와 동떨어지거나 이해하기 어렵거나 진정성이 없으면 원하는 효과를 얻지 못한다. 오히려 과도한 정보는 피로감을 주고 불신을 키울 수도 있다.

기업이 ESG커뮤니케이션을 '열심히'는 하지만 '잘'하지 못했을 때 많은 시간과 노력을 들여 콘텐츠를 만들고 활동을 펼쳐도 이해관계자들이 진정한 의도나 노력을 제대로 이해하지 못할 수 있다. 예컨대, 방대한 보고서에 핵심 정보가 부족하거나 전문용어만 가득하다면 제대로 평가받기 어렵다. 열심히 진행한 친환경 캠페인이 진정성을 의심받거나 다른 활동과 모순이면 '그린워싱' 비판에 직면할 수 있다. 이처럼 '열심히'만 하는 ESG커뮤니케이션은 이해관계자의 공감을 얻지 못하고 기업의 노력과 성과를 제대로 알리지 못하고 오해나 불필요한 논란을 야기해 기업 이미지에 부정적 영향을 주게 된다.

ESG커뮤니케이션은 노력의 양만으로 효과를 보장할 수 없다. '잘'하는 커뮤니케이션은 메시지가 효과적으로 전달될 수 있는 전략적 접근이 중요하다. 명확한 목표 설정, 이해관계자에 대한 깊은 이해, 효과적인 전달 방식에 대한 전략적 사고가 필요하다.

우리 회사는 ESG커뮤니케이션을 '열심히'만 하고 있는지, '잘'하고 있는지 자문해야 한다. 단순히 정보 배포량에 집중하고 있지 않은지 돌아보고 노력의 양보다 영향력과 결과에 초점을 맞춘 커뮤니케이션으로 전환해야 한다. 소비자와 투자자 등 이해관계자들이 진정으로 원하는 정보와 전달 방식을 고민하고 그들이 공감하고 매력을 느낄 수 있는 커뮤니케이션 방식을 찾아야 한다. 그렇지 않으면 알리고자 하는 열정이 역효과를 낳을 수 있음을 경계해야 한다.

'잘'하는 ESG커뮤니케이션

목표지향적 커뮤니케이션 원칙은 ESG커뮤니케이션 활동이 ESG경영 목표와 전략을 실현하는 데 중점을 두는 것을 의미한다. ESG커뮤니케이션 목표는 기업의 ESG경영 목표에 맞추고 커뮤니케이션 활동이 일관되게 나아가야 한다는 원칙이다.

기술이 아니라 전략으로 접근하라

기업들은 지속가능경영 보고서 발간, 소셜미디어 친환경 캠페인, 세련된 웹사이트와 영상 광고 등 다양한 기술(technique)을 활용해 ESG경영 노력을 알리려 한다. 핵심은 커뮤니케이션 기술과 전략을 명확히 구분하고 이러한 기술은 ESG경영이라는 전략적 목표 아래 이루어져야 한다는 점이다.

커뮤니케이션 기술은 메시지를 전달하는 구체적인 방법, 즉 '어떻게'에 관한 것이다. 보도자료 작성, 소셜미디어 게시물, 웹사이트 디자인 등이 그 예다. 커뮤니케이션 전략은 '왜' 메시지를 전달해야 하는지에 대한 목표와 방향을 설정하는 큰 그림이다. 이는 "어떤 변화를 이루기 위해 커뮤니케이션할 것인가?", "변화를 위해 누구에게 어떤 메시지를 전달할 것인가?" 같은 질문에 답하는 과정이다. 기술은 전략 실행의 도구이며 전략은 기술이 달성할 목표다.

뛰어난 커뮤니케이션 기술만으로는 효과적인 커뮤니케이션을 이끌 수 없다. 기술적 접근은 방법론에 집중하는 반면, 전략적 접근은 명확한 목표를 가지고 '왜' 전달하는지를 먼저 고민한 후 '어떻게' 전달할지를 결정한다. 예컨대, 언론 배포 형식은 완벽하지만 목표가 없는 친환경 신기술 보도자료, 화려하게 제작됐으나 핵심 메시지와 전략적 목표가 부족한 ESG보고서, 단편적인 기술 활용에 그쳐 일시적인 주목만 받는 커뮤니케이션 활동 등이 기술적 접근의 한계다. 목표와 방향 없는 기술 활용은 의미 없는 정보 나열에 불과하다. ESG커뮤니케이션을 전략으로 접근하는 기업은 명확한 목표를 설정하고 목표 달성을 위해 다양한 커뮤니케이션 기술을 전략적으로 활용한다. 보도자료를 단순히 노출 건수 늘리기에 활용하는 것이 아니라 특정 메시지를 특정 이해관계자에게 전달해 ESG경영 목표 달성에 기여하는 긍정적 변화를 만드는 데 활용하는 것이다.

기술적 접근에만 치중하는 커뮤니케이션은 목표 없이 방향성을 잃은 떠도는 배와 같다. 전략적 틀 안에서 커뮤니케이션 기술을 활용할 때 ESG커뮤니케이션은 이해관계자에게 의미 있는 메시지로 전달돼 기업의 ESG경영 성공과 경쟁우위 확보에 기여할 수 있다. ESG커뮤니케이션을 전략으로 접근하는 기업이 ESG경영의 진정한 가치를 얻을 수 있다.

ESG커뮤니케이션 목표를 ESG전략과 통합하라

ESG커뮤니케이션 목표와 ESG전략의 통합은 효과적인 ESG커뮤니케이션을 위한 첫걸음이자 성공적인 ESG경영을 위한 필수조건이다. 이는 기업이 추구하는 ESG경영의 큰 그림과 성공적으로 실행하기 위해 필요한 구체적인 커뮤니케이션 목표가 긴밀하게 연결돼야 함을 의미한다. ESG커뮤니케이션 목표는 기업의 ESG전략 달성을 지원하는 방향으로 설정돼야 한다.

ESG전략은 탄소배출 감축, 노동조건 개선, 윤리경영 강화 등 기업이 지속가능한 성장을 위해 ESG의 각 영역에서 어떤 목표를 향해 나아갈지에 대한 명확한 로드맵이다. ESG커뮤니케이션 목표는 이러한 ESG전략을 성공적으로 이끌기 위해 필요한 이해관계자들의 인식 변화와 행동을 설정하는 것이다.

ESG전략과 ESG커뮤니케이션 목표가 통합되지 않으면 방향타 없는 배처럼 ESG커뮤니케이션은 시간과 비용만 낭비하며 표류하게 된다. 예컨대, 기업의 ESG전략이 탄소배출 감축을 위해 폐기물 감축과 에너지 효율 증대에 초점을 맞추고 있음에도 커뮤니케이션 활동은 "우리는 매년 지역사회에 얼마나 기부를 하고 있다"는 홍보에만 집중하면 폐기물 감축이나 에너지효율 증대를 위해 요구되는 이해관계자들의 지원을 받을 수 없게 된다. 서울로 가는 길을 알려줘야 하는데 엉뚱한 길을 안내하는 것과 같다.

기업이 ESG커뮤니케이션 활동을 ESG전략 목표와 통합할 때 ESG커뮤니케이션은 ESG경영을 효과적으로 지원하는 전략적 도구가 될 수 있다. ESG경영의 목표를 달성하기 위해 필요한 이해관계자들에게 회사의 진정한 ESG 가치를 명확하게 전달하고 그들의 지지와 참여를 이끌어내는 커뮤니케이션을 할 수 있게 된다.

#오스테드

ESG전략: '녹색전환(Green Transformation)'. 화석연료기업에서 100% 재생에너지기업으로 전환한다.

ESG커뮤니케이션 목표: 재생에너지산업의 성장 가능성과 미래 비전에 대한 인식과 신뢰를 높여 투자자, 정부, 사회의 지지를 확보한다.

#마이크로소프트

ESG전략: '사회적 가치를 위한 기술(Tech for Good)'이라는 비전 아래, 기술 혁신을 통해 ESG 문제를 해결한다.

ESG커뮤니케이션 목표: 자사의 ESG경영 성과와 기술 혁신에 대한 이해관계자들의 신뢰를 구축한다.

#이케아

ESG전략: 사람과 지구를 위한 긍정적 영향 창출(People & Planet Positive)'을 핵심으로 지속가능한 홈퍼니싱리더십을 강화한다.

ESG커뮤니케이션 목표: 소비자들에게 지속가능성을 선택이 아닌 기본적인 가치로 인식시키고 지속가능한 라이프스타일로 행동 변화를 이끌어낸다.

신뢰를 얻는 커뮤니케이션의 조건

투명성
(Transparency)

기업이 ESG경영 활동을 투명하게 공개하는 것은 이해관계자들이 기업을 신뢰하도록 하는 커뮤니케이션 원칙의 하나다. 투명성은 정보를 정확하고 사실에 근거해 숨김없이 공개하는 것이다. 기업이 어떤 ESG경영 활동을 하고 있는지, 어떻게 진행되고 있는지, 어떤 성과를 얻었는지를 객관적이고 정확한 정보를 가지고 커뮤니케이션 하는 것이다.

투명한 커뮤니케이션은 과정과 결과를 모두 보여주는 것이다. 목표 달성 실패나 예상치 못한 어려움에 직면했을 때도 이를 숨기지 않고 정직하게 공유하는 것이 중요하다. ESG활동의 진행상황을 있는 그대로 정확히 전달하는 것 그 자체가 신뢰를 쌓는 것이다. "우리는 친환경기업이다"는 메시지는 실제로는 제품의 일부만 친환경적이거나 공급망 전체에서 지속가능성이 확보되지 않은 경우가 많다. 기업이 달성한 실제 ESG 성과와 향후 개선 계획을 투명하게 보여주는 것이 효과적이다.

투명성은 이해관계자들이 정보를 쉽게 접근하고 이해하도록 제공하는 것이다. 명확하고 이해하기 쉬운 방식으로 제시돼야 한다. 기업은 ESG경영 목표, 성과, 리스크관리 체계, 의사결정 과정 등을 구체적이고 객관적 데이터로 알기 쉽게 제시하고 이해관계자들의 질문과 요구에 적극 응답할 수 있어야 한다. ESG 목표 달성을 위한 진행 상황을 주기적으로 공개하는 것 또한 투명성의 중요한 부분이다. 투명한 커뮤니케이션은 기업과 이해관계자간 정보 불균형을 해소하고 이해관계자들이 기업을 정확하게 평가해 합리적인 의사결정을 내리도록 돕는 것이다.

#네슬레(Nestlé)
팜유 공급망 투명성 확보 및 삼림 파괴 방지 노력 공개

네슬레는 지속가능한 팜유 조달을 위해 노력하며 팜유 공급망 투명성 확보를 중요한 ESG 과제로 추진하고 있다. 팜유 생산 과정에서의 삼림 파괴, 생물다양성 훼손, 노동 착취 등 문제점에 대한 비판이 높아짐에 따라 투명성 강화를 통해 책임 있는 팜유 조달 시스템을 구축하고 환경 및 사회적 리스크를 줄이려는 노력을 보여주고 있다.

팜유 공급망지도 공개: 팜유 공급망 전체를 추적해 팜유농장 위치, 팜유 정제 공장, 최종 공장까지 연결하는 팜유 공급망지도를 공개한다. 지도를 통해 팜유 공급망의 복잡성을 보여주고 투명한 관리를 위한 노력을 강조한다. 농장 이름, 위치 정보, 공급업체 정보, 지속가능성 인증 정보 등을 지도에서 확인할 수 있다.

삼림 파괴 감시 시스템: 위성이미지분석, GPS추적기술 등을 활용해 팜유 공급망 내 삼림 파괴 발생 여부를 실시간으로 감시하는 시스템을 구축해 삼림 파괴 위험 지역을 조기에 감지하고 신속하게 대응해 팜유 공급망으로 유입되는 것을 차단하는 감시시스템 운영 현황과 성과를 투명하게 공개하고 있다.

소규모 자영농 지원 프로그램: 팜유 생산의 상당 부분을 차지하는 소규모 자영농의 지속가능한 생산 방식 전환을 지원하는 프로그램을 운영하고 지원 대상 농장 정보, 지원 내용, 성과 등을 투명하게 공개해 소규모 농가의 생산성 향상, 소득 증대, 환경보호를 동시에 추구하는 노력을 보여주고 있다.

네슬레의 팜유 공급망에 대한 투명성을 높이려는 커뮤니케이션은 여전히 완벽한 수준의 투명성에는 미치지 못한다는 비판도 존재하지만 NGO, 소비자단체 등으로부터 일정 부분 긍정적 평가를 받고 있다. 삼림 파괴 방지 노력에 대한 신뢰도를 높이고 책임 있는 기업 이미지 구축, 지속가능한 팜유시장 확대, 환경문제 해결 의지를 보여주는 사례다.

#BMW그룹(BMW Group)
배터리 재활용 과정과 순환경제 노력 공개

BMW그룹은 순환경제(Circular Economy)모델을 적극 도입하고 있으며 배터리 재활용을 핵심 과제 중 하나로 추진하고 있다. 전기차시장 확대에 따라 배터리 폐기물 증가 문제가 심각해짐에 따라 배터리 재활용 기술 개발 및 재활용 과정 투명성 확보를 통해 환경 영향 최소화 및 자원순환 시스템 구축에 힘쓰고 있다.

배터리 재활용 프로세스 공개: 폐배터리 수거, 분해, 재활용, 재활용 소재 활용 까지 배터리 재활용 전 과정을 영상, 인포그래픽, 보고서 등 다양한 형태로 자세하게 공개한다. 재활용기술, 시설 현황, 재활용 효율, 안전관리 시스템 등을 투명하게 보여줘 배터리 재활용 과정에 대한 이해도를 높이고 있다.

재활용소재 사용 비율 공개: 신차 생산에 재활용소재를 적극 사용하고 차량 모델별 재활용소재 사용 비율을 투명하게 공개한다. 플라스틱·알루미늄·철강 재활용 등 다양한 재활용소재 사용 현황을 데이터로 제시해 순환경제 노력을 강조하고 있다.

'리팩토리(Re-Factory)' 프로젝트: 폐배터리를 재활용해 에너지저장장치(ESS) 등 새로운 제품으로 재탄생시키는 '리팩토리' 프로젝트를 추진하고 프로젝트 진행 과정, 기술 혁신, 성과 등을 투명하게 공개한다. 폐배터리 재활용을 통한 자원순환 모델을 구체적으로 보여준다.

BMW그룹의 배터리 재활용 투명성 노력은 미래세대를 위한 환경 책임경영 이미지를 높여 전기차배터리폐기물 문제에 대한 우려를 해소하고 지속가능한 모빌리티솔루션기업으로서의 리더십을 확보하고 있다. ESG투자자들은 BMW그룹의 순환경제 노력을 긍정적으로 평가해 기술혁신기업으로서의 투자 매력도를 높이는 효과를 얻고 있다.

#지멘스(Siemens)
공급망 ESG리스크 관리 투명성 강화

지멘스는 복잡한 글로벌 공급망 전체의 ESG리스크 관리 투명성 강화에 중점을 두었다. 협력업체의 ESG평가 결과, 개선활동, 리스크 관리 현황 등을 데이터 기반으로 투명하게 공개하고 공급망 전체의 지속가능성을 높이기 위한 노력을 보여주었다. 디지털기술을 활용해 공급망 투명성을 혁신하는 사례다.

협력업체 ESG평가 플랫폼: 디지털플랫폼을 구축해 협력업체의 ESG리스크 평가를 실시하고 평가 결과를 협력업체와 공유해 자체 개선 노력을 유도하고 평가 항목·방법·결과 데이터를 투명하게 공개한다.

공급망 실사 및 감사 결과 공개: 협력업체 ESG 실사 및 감사를 정기적으로 실시하고 주요 결과(개선사항, 우수사례 등)를 요약해 공개한다. 심각한 ESG리스크 발생 시 개선 조치 계획 및 결과를 투명하게 공유한다.

진정성
(Authenticity)

커뮤니케이션은 기업의 진심이 전달돼야 한다. ESG활동 과정을 이해관계자들에게 진솔하게 커뮤니케이션을 할 때 진정성이 전달된다. 기업이 왜 ESG경영을 하는가를 이해관계자들이 진심으로 받아들이는 것이다. ESG경영의 진심은 기업의 말과 행동을 일치할 때 전달된다. 기업이 노동환경을 개선하거나 친환경 기업활동 등 ESG를 실천하는 모습을 보여주면 ESG메시지가 공허한 말이 아니라 진심이라고 느낄 수 있다.

ESG경영의 성공적인 성과뿐 아니라 실패와 한계까지 솔직히 말할 때 진심이 전달되며 더 큰 신뢰를 얻을 수 있다. 단순히 실패와 한계를 솔직하게 공개하는 것만으로 끝나면 안 된다. 실패한 목표를 달성하기 위한 개선 의지와 계획까지 커뮤니케이션할 때 진정성이 담보될 수 있다. 진정성 있는 커뮤니케이션은 기업이 약점을 숨기지 않고 문제 해결을 위해 진지하게 노력하는 모습을 보여주는 것이다.

#마이크로소프트(Microsoft)
탄소네거티브 목표와 데이터센터 한계 인정

2019년 마이크로소프트는 2030년까지 탄소네거티브를 달성하겠다는 야심찬 목표를 제시했지만 더디게 진행되고 있었다. 탄소배출 감소와 에너지 효율을 높이는 과정에서 예상보다 많은 기술적·재정적 도전이 있었다.

한계와 실패 인정 사례: 마이크로소프트는 탄소네거티브 목표 달성 과정에서 직면하는 현실적인 어려움과 한계를 숨기지 않고 솔직하게 인정하는 모습을 보였다. 예컨대, 데이터센터 운영에 필요한 막대한 에너지 소비, 탄소제거기술의 기술적·경제적 한계, 공급망 전반의 탄소배출 감축의 어려움 등을 인정하고 있다.

구체적 개선 목표 제시: 마이크로소프트는 탄소배출량을 100% 상쇄하는 등 탄소 제거 기술에 대한 투자를 시작하며 이를 실행 가능한 목표로 재설정하고 구체적 데이터와 실행 계획을 통해 개선 의지를 보여주고 있다. 2050년까지 이산화탄소를 배출한 총량을 모두 제거하는 목표를 수립하고 지속가능성 보고서를 통해 탄소배출 현황, 에너지 사용량, 재생에너지 구매량, 탄소제거 프로젝트 진행 상황 등을 투명하게 공개하고 탄소 감축 목표 달성을 위한 구체적 로드맵과 투자 계획을 제시한다. AI기술을 활용해 탄소 감축을 가속화하고 협력사와의 파트너십을 통해 공급망 ESG리스크를 관리하는 등 혁신적 솔루션과 협력 방안을 모색하고 있다.

마이크로소프트의 ESG커뮤니케이션은 데이터 기반의 객관적 정보를 제공하고 진솔한 어조로 어려움을 인정하며 구체적인 개선 의지를 강조한다는 점에서 높은 평가를 받고 있다. 홍보성 메시지나 과장된 표현보다 실질적인 노력과 진정성을 보여주려 노력하는 모습을 보여주고 있다.

#2. SAS 스칸디나비아항공 (Scandinavian Airlines) 지속가능한 항공연료 (SAF) 한계 인정과 다각적 노력

항공산업은 탄소배출량이 많은 대표 산업으로 2019년 SAS는 기후변화와 싸우기 위해 탄소배출을 제로화할 목표를 설정했지만 초기에는 기술적 장벽에 부딪혔다. 항공산업이 탄소배출을 줄이는 데 한계가 있다는 비판도 받았다.

한계와 실패 인정 사례: SAF 사용 확대의 어려움, 항공기술 혁신의 한계, 탄소 상쇄 프로그램의 실효성 논란 등 항공산업의 ESG경영이 직면한 구조적 한계와 어려움을 솔직하게 인정했다. SAF의 높은 비용과 제한적인 공급량 때문에 단기간에 SAF 사용 비중을 대폭 확대하기 어렵다는 점, 항공기 자체의 효율성을 획기적으로 개선하는 데 기술적 제약이 있다는 한계를 인정하고 "친환경항공기 도입, 대체연료 사용 확대, 탄소배출을 상쇄할 프로그램을 실행하겠다"고 발표했다.

구체적 개선 목표 제시: "친환경항공연료 관련 기술혁신 투자를 강화하고 기후변화 대응을 위한 추가적인 기후행동을 시행하겠다"고 밝혔다. 단기적으로는 항공기 운항 효율성을 높이고 경량화된 기내서비스 도입,

지상 운영 최적화 등을 통해 탄소배출량 감축을 위해 노력을 제시했다.

SAS의 ESG커뮤니케이션은 항공산업의 특성상 탄소배출 감축이 매우 어렵다는 점을 인정하면서도 다각적인 노력을 통해 지속가능한 항공산업으로 나아가겠다는 의지를 강조한다. 현실적인 어려움과 장기적인 목표를 균형 있게 제시하며 이해관계자들에게 신뢰감을 주려 노력했다. '친환경항공사' 이미지만 내세우기보다 구체적인 실천계획과 개선 노력을 통해 진정성을 확보하려는 모습을 보여주었다.

마이크로소프트, SAS는 각자의 영역에서 ESG경영의 한계와 실패를 솔직하게 인정하고 구체적인 개선 목표를 제시하는 진정성 있는 커뮤니케이션을 보여주려 노력하고 있다. 기업의 진정성은 단순히 말로만 평가할 수 있는 것이 아니며 행동과 성과로 입증돼야 한다. 적어도 이 두 기업은 ESG경영의 어려움을 숨기거나 포장하기보다 솔직하게 인정하고 개선을 위한 노력을 보여주는 긍정적인 모습을 보이고 있다.

일관성
(Consistency)

일관성 또한 이해관계자들과 신뢰를 쌓는 중요한 커뮤니케이션 원칙이다. 일관성은 '어제 한 말을 오늘도 지키는 것'이다. 기업이 한 번 내놓은 목표나 전략을 중간에 변동 없이 지속적으로 지켜나가는 것을 의미한다. ESG경영에 대한 말과 행동이 어제와 오늘, 내일 달라지는 기업은 불안할 수밖에 없다. 이런 기업을 믿을 소비자나 투자자는 없다.

일관성 있는 커뮤니케이션은 장기적인 전략과 목표에 맞춰 꾸준히 커뮤니케이션을 이어가는 것이 핵심이다. 이는 기업의 '예측가능성'과 '신뢰성'을 높여 이해관계자들에게 '믿을 수 있는 기업'이라고 신뢰를 준다.

일관성 있는 ESG커뮤니케이션은 기업이 한 번 발표한 메시지나 목표가 일관되게 실천되고 있음을 보여주는 것이다. 기업이 한 번의 선언이나 행동에 그치지 않고 지속적으로 같은 방향으로 나아가고 있음을 인식시키는 것이다. 기업이 "우리는 매년 10%씩 탄소배출을 줄이겠다"고 발표했다면 매년 꾸준히 지켜나가고 있음을 보여주는 커뮤니케이션이 중요하다.

진정성은 말과 행동의 일치에 중점을, 일관성은 시간에 따른 지속적인 행동의 일치에 중점을 두고 지속적으로 같은 행동을 반복하는 것이다. 진정성은 즉각적인 일치, 일관성은 지속적인 일치라고 할 수 있다.

공감을 끌어내는 방법

이해관계자 니즈에 맞춘 커뮤니케이션

이해관계자 맞춤형 커뮤니케이션은 공감을 끌어내는 커뮤니케이션의 핵심 원칙 중 하나다. 이해관계자의 특성과 니즈를 정확히 파악하고 최적화된 메시지와 커뮤니케이션 방식을 적용해 이해관계자와의 신뢰와 공감대를 형성할 수 있다.

ESG커뮤니케이션의 대상은 다양한 이해관계자 집단으로 구성되며 이들의 관심사와 필요는 각각 다르다. 투자자는 ESG리스크 관리와 재무적 성과에 관심을 두고 소비자는 자신이 지향하는 가치 소비에 주목한다. 이를 고려하지 않은 일률적 메시지 전달은 공감을 얻기 어렵다. "우리는 ESG를 하고 있다"는 일방적 선언보다 '어떻게 실천하고 있으며 어떤 성과를 거두었는지', '이것이 이해관계자들에게 어떤 의미를 부여하는지'를 이해관계자들의 니즈에 맞춰 구체적으로 전달해야 한다.

ESG커뮤니케이션은 다양한 이해관계자의 마음을 사로잡는 섬세한 전략을 통해 공감을 이끌어내는 과정이다. 이해관계자 그룹을 세분화하고 그들의 특성과 관심사, 정보 획득 채널, 선호하는 소통 방식을 정밀하게 분석해 각 이해관계자에 맞춰 메시지를 차별화하고 그들의 가치를 충족시킬 정보를 제공해야 한다. 투자자에게는 ESG경영의 재무적 성과를, 소비자에게는 제품이 주는 환경적·사회적 가치를 전달해야 한다. 이해관계자들의 접근성이 높고 신뢰하는 최적의 커뮤니케이션 채널을 활용하고 이들에 맞는 콘텐츠를 통해 개인화된 커뮤니케이션을 하는 것이 공감을 이끌어내는 중요한 원칙이다.

쌍방향소통

쌍방향 커뮤니케이션은 이해관계자의 공감을 끌어내는 핵심 원칙 중 하나다. 다양한 의견을 경청하고 존중하는 쌍방향커뮤니케이션은 ESG 경영의 실질적인 개선을 가능하게 하며 이는 경영전략의 실효성을 높이는 중요한 기반이 된다.

쌍방향소통을 통해 공감을 효과적으로 이끌어내려면 다양한 소통채널을 적극 운영하고 이해관계자들이 자신의 의견을 편안하게 제시하도록 접근성을 높여야 한다. 피드백은 의견 청취로 끝나는 것이 아니라 기업 운영과 의사결정에 반영돼 실질적인 변화로 이어져야 한다. 이해관계자들의 질문과 문제 제기에 대해서는 빠르고 성실하게 응대하며 함께 해결책을 모색해야 한다. 쌍방향커뮤니케이션은 일회성 이벤트가 아닌 정기적이고 지속적인 활동을 통해 이루어져야 한다. 꾸준한 커뮤니케이션이 기업과 이해관계자 간 상호 이해와 공감을 깊게 하고 지속적인 유대감을 높일 수 있다.

효과적 메시지 전달의 조건

명확성(Clarity): 정보 이해도 향상

메시지 전달의 첫 번째 원칙은 명확성이다. 명확한 메시지는 쉬운 언어 사용뿐 아니라 핵심 내용이 명확히 드러나도록 구성하는 것을 의미한다. ESG커뮤니케이션은 환경, 사회, 지배구조라는 광범위하고 복잡한 주제를 다루므로 메시지가 혼동을 주지 않도록 간결하고 직관적으로 전달하는 것이 중요하다. 메시지가 모호하거나 추상적이면 이해관계자들은 ESG활동의 실제 내용과 기업의 노력을 제대로 파악하기 어렵거나 오해할 수 있으며 전문지식이 없는 사람들은 더욱 그럴 가능성이 높다. 중요한 정보나 복잡한 내용을 전달할 때 명확성은 오해로 인한 오류나 사고를 예방하는 데 필수적이다.

이해관계자들은 메시지가 명확할 때 기업의 의도와 계획을 정확히 이해하고 신뢰를 쌓을 수 있지만 구체적 정보가 부족한 애매모호한 메시지는 이해관계자들이 기업의 ESG경영 활동에 확신을 갖기 어렵게 만든다. 예컨대, 사회적 목표를 "직원들을 존중한다"는 추상적 메시지보다 "2024년까지 모든 사업장에서 산업재해율을 10% 감축하고 정기적인 직원만족도조사를 실시해 개선 방안을 마련하겠다"같이 구체적이고 명확한 메시지는 누구나 쉽게 이해할 수 있으며 실천 의지를 분명히 보여준다.

명확한 메시지를 만들기 위해 복잡한 용어나 전문용어 사용을 최대한 피한다. 구체적이고 실현 가능한 수치나 시간 단위로 제시한다. 그래프, 차트, 아이콘 등 시각자료를 활용해 복잡한 정보를 한눈에 이해하기 쉽게 전달한다.

#이케아
'더 나은 소재(Better Materials)' 캠페인

이케아는 '지속가능한 소재 사용'이란 복잡한 ESG 주제로 '더 나은 소재(Better Materials)' 캠페인을 진행했다. '더 나은 소재' 같은 일상 언어로 소비자들이 쉽게 이해하도록 했다.

'더 나은 소재'가 무엇인지, 왜 중요한지, 이케아가 어떤 노력을 하고 있는지 간결하고 명확하게 설명했다. 예컨대, '재생 가능한 소재', '재활용 소재', '더 적은 환경 영향' 같은 키워드를 사용했다. 소재의 종류, 환경 영향 감소 효과 등을 시각적으로 쉽게 이해하도록 캠페인 웹사이트, 광고 매장 내 홍보물 등에서 인포그래픽, 이미지, 영상 등 시각자료를 활용해 정보를 명확하게 전달했다.

이케아 사례는 복잡한 ESG 주제도 쉬운 언어, 구체적인 설명, 시각자료를 활용하면 소비자들에게 명확하게 전달될 수 있음을 보여준다. ESG커뮤니케이션은 전문가뿐 아니라 대중도 이해하도록 명확하게 전달하는 것이 중요하다.

간결성(Conciseness): 정보 과부하 해소, 집중도 향상

현대사회는 정보과부하시대이며 ESG 분야는 방대한 데이터와 정보가 쏟아진다. 장황한 메시지보다 짧고 핵심적인 메시지가 정보 피로감을 줄이고 집중도를 높인다. 길고 복잡한 메시지는 이해관계자들이 끝까지 읽거나 듣지 않을 가능성이 크다. 핵심만 빠르게 전달하는 것이 효과적이다. 강한 임팩트를 주는 간결하고 핵심적인 메시지를 통해 이해관계자들의 태도 변화를 유도하는 것이 중요하다.

간결한 메시지를 만들기 위해서는 핵심 내용을 정의하고 간결하게 구성한다. 전달하고자 하는 핵심 목표나 성과 외에는 불필요한 내용을 제외해 간결하게 정리한다. 쉬운 단어와 간결한 문장 구조로 메시지를 전달한다. 글, 발표, 보고서 등에서 목록이나 요점 정리 형식을 활용해 핵심만 쉽게 전달한다.

#유니레버
지속가능한 생활 계획(Sustainable Living Plan) 요약보고서

유니레버는 방대한 분량의 지속가능경영보고서 대신 '지속가능한 생활 계획'의 핵심 내용을 요약한 보고서와 인포그래픽을 제작해 이해관계자들에게 제공했다. 가장 핵심적인 내용(지속가능한 생활 계획 목표, 주요 성과, 미래 계획 등)에 집중해 보고서를 작성했다. 복잡한 ESG 데이터를 인포그래픽, 차트, 그래프 등 시각적 요소로 변환해 간결하고 직관적으로 정보를 전달했다. 수치 데이터를 텍스트로 길게 설명하는 대신,

시각화 자료를 통해 빠르게 핵심을 파악하도록 했다.

요약보고서, 카드뉴스, 짧은 영상클립 등 다양한 짧은 형식의 콘텐츠를 제작해 짧은 시간 안에 ESG 정보를 습득하도록 했다. 유니레버는 핵심 메시지 집중, 데이터 시각화, 짧은 형식 활용을 통해 간결하고 효율적인 커뮤니케이션을 보여준다.

데이터 기반(Data-driven) 메시지

데이터 기반은 ESG커뮤니케이션 메시지의 설득력과 신뢰성을 높이는 핵심 요소다. 메시지가 측정 가능한 성과 지표 등 신뢰할 수 있는 정보를 바탕으로 전달됨을 의미한다. 데이터 기반 메시지는 객관적 사실을 제시하므로 메시지의 설득력을 높이고 이해관계자들의 신뢰를 얻을 수 있다. 투자자들은 데이터 기반의 ESG 정보를 투자 결정에 활용하며 소비자들은 이를 통해 윤리적 소비를 판단한다.

"탄소배출을 줄이기 위해 노력하고 있다"는 메시지보다 "2025년까지 탄소배출을 40% 줄일 예정이며 현재 10% 감소를 달성했다"는 구체적 수치를 제시하면 이해관계자들은 변화를 확인하고 신뢰를 구축하기 쉽다. 이해관계자들은 추상적 약속보다 구체적 데이터와 측정 가능한 성과를 통해 ESG경영 노력을 평가하기 때문이다. ESG 목표를 설정하고 구체적이고 실현 가능한 수치를 제시하는 것은 기업이 진지하고 체계적으로 접근하고 있다는 인식을 심어준다.

ESG 성과나 활동을 구체적 데이터로 보여주는 것은 기업이 결과 중심으로 ESG활동을 전개하고 있음을 나타내며 실제적인 ESG 데이터

(탄소배출량, 에너지 사용량, 사회공헌활동 수치, 윤리경영 지표 등)를 제시하는 것은 ESG워싱 논란을 방지하고 진정성 있는 ESG경영을 효과적으로 보여주는 확실한 방법이다. 데이터 기반 메시지는 정확하고 최신의 데이터를 제공해야 한다. 과거 성과나 업계 평균과 비교해 진척 상황을 보여주면 더욱 효과적이다.

스토리텔링 메시지

효과적인 메시지 전달의 또 하나의 핵심은 '스토리텔링(Storytelling)'이다. 명확성, 간결성, 데이터 기반이 메시지의 논리적 기반과 효율성을 강화한다면 스토리텔링은 메시지에 감성과 흥미를 불어넣어 마음을 움직이고 행동을 유도하는 강력한 힘을 제공한다. ESG커뮤니케이션에서 스토리텔링은 딱딱하고 어렵게 느껴질 수 있는 정보를 인간적인 맥락과 연결해 공감을 이끌어낸다. ESG 메시지를 매력적으로 전달하고 '우리 모두의 이야기'로 공감대를 확장해 소비자, 투자자, 직원, 지역사회 등 다양한 이해관계자의 참여를 유도하는 메시지를 전달한다.

ESG는 환경보호, 사회적 책임, 윤리경영 같은 추상적 가치를 다루기 때문에 데이터와 정보만으로는 가치를 실질적으로 느끼기 어렵다. 스토리텔링은 추상적 ESG 개념을 구체적 이야기로 전환해 자신이 경험하는 것처럼 몰입하게 만들고 ESG가 우리 삶과 어떤 관련이 있는지, 왜 중요한지 마음에 담게 한다. 딱딱하고 형식적으로 느껴질 수 있는 ESG 과정과 성과에 CEO, 경영진, 직원들의 경험, ESG경영 철학, 노력과 열정 등 인간적인 이야기를 입히면 메시지는 진정성 있고 매력적으로 만들어진다.

핵심 메시지를 간결한 스토리에 담아 전달하면 집중도를 높이고 메시지 피로감을 줄일 수 있으며 딱딱한 객관적 데이터를 스토리에 녹여내면 신뢰성을 더하고 설득력을 높일 수 있다. 스토리텔링은 ESG 메시지에 사람들의 마음을 움직여 긍정적 변화를 이끌어내는 강력한 힘을 부여하는 원칙이다.

공신력 높이는 경영진 메시지

효과적인 메시지 전달 커뮤니케이션 원칙 중 하나는 CEO와 경영진의 역할이다. 명확성, 간결성, 데이터 기반, 스토리텔링이 훌륭한 메시지 콘텐츠의 기반이라면 CEO와 경영진의 메시지 전달은 ESG경영에 대한 강력한 의지를 보여주는 상징적 행위이자 메시지에 무게와 진정성을 더해 조직 전체의 커뮤니케이션 효과를 극대화하는 핵심 리더십 요소다.

CEO와 경영진이 직접 ESG 메시지를 전달하는 것은 최고의사결정권자들이 ESG경영을 얼마나 중요하게 생각하는지 보여주어 이해관계자들에게 깊은 신뢰감을 심어준다. 기업의 전략과 비전을 가장 잘 이해하고 조직 운영에 대한 책임과 권한을 가진 이들이 소통에 나서는 모습은 홍보 메시지보다 훨씬 높은 신뢰도와 공신력을 갖는다. 투자자, 금융시장, 정부기관 등 신뢰성과 권위를 중요하게 생각하는 이해관계자들에게 CEO와 경영진의 메시지는 큰 영향력을 발휘한다.

CEO와 경영진은 기업의 ESG 비전과 전략을 가장 명확하게 설명할 수 있는 주체로 이들이 직접 메시지를 통해 ESG경영의 목표, 추진 방향, 기대 효과 등을 제시하면 조직 내외부 구성원들은 ESG경영에 대한 이해도를 높이고 공감대를 형성할 수 있다. CEO와 경영진이 ESG 메시지를 지속적이고 적극 전달하는 것은 직원들에게 ESG경영의 중요성을 인식시키고 자발적 참여를 유도하는 강력한 동기 부여 효과를 가져오며 다양한 대외활동을 통해 기업의 ESG리더십을 널리 알리고 긍정적 이미지를 구축하는 데 기여한다.

CEO와 경영진이 명확하고 간결한 데이터 기반 메시지를 스토리텔링과 결합해 직접 전달할 때 메시지의 신뢰도와 전달력은 극대화된다. 이는 리더십을 더욱 인간적이고 진정성 있게 느껴지도록 해 이해관계자들의 공감과 지지를 얻는 데 효과적이다.

CEO와 경영진은 ESG 메시지의 효과성을 높이는 가장 중요한 메시지 전달자이다. ESG경영 선도기업으로 알려진 파타고니아의 창립자 이본 쉬나드(Yvon Chouinard), 유니레버(Unilever) 전 CEO 폴 폴먼(Paul Polman)은 지속가능성을 경영의 핵심 전략으로 삼고 적극 이해관계자들과 소통한 대표적 CEO들이다.

#마이크로소프트
사티아 나델라의 ESG 리더십

마이크로소프트 CEO 사티아 나델라(Satya Nadella)는 ESG경영을 기업의 핵심 전략으로 강조하며 다양한 ESG커뮤니케이션 활동에 직접 참여하고 있다. 사티아 나델라는 마이크로소프트의 탄소 네거티브 목표, 물 재활용 목표 등 ESG 비전을 공개적으로 제시하고 ESG경영의 중요성을 지속적으로 강조하고 있다. CEO의 직접적인 메시지를 통해 ESG경영에 대한 강력한 의지를 보여주고 있다. 지속가능경영보고서 발표, 컨퍼런스 기조연설, 언론 인터뷰 등 다양한 채널을 통해 마이크로소프트의 ESG 성과와 노력, 미래 계획을 CEO가 직접 투명하게 공개하는 모습은 신뢰도를 높이고 있다.

사티아 나델라는 ESG경영을 기업문화로 내재화하기 위해 직원들에게 ESG 가치를 강조하고 ESG 교육과 참여 프로그램을 지원하며 조직 전체의 ESG 역량 강화를 주도하고 있다. 투자자, 고객, 정부 관계자, NGO 등 다양한 이해관계자와 소통하며 ESG경영에 대한 공감대를 형성하고 협력을 구축하는 노력은 기업의 ESG리더십을 대외적으로 각인시키고 있다.

E

S

커뮤니케이션
실행 전략

G

메시지 시각화 전략
: 머릿속에 그리는 메시지

도구적 메시지 시각화
(Instrumental Message Visualization)

도구적 메시지 시각화는 사진, 그림, 차트, 그래프, 인포그래픽, 영상, 애니메이션 등 다양한 시각 도구를 활용해 메시지를 명확하게 전달하는 것이다. 복잡한 데이터는 차트나 그래프로 쉽게 파악하게 하고 인포그래픽, 영상, 애니메이션 등은 추상적 정보를 시각적으로 변환해 이해도를 높이고 시선을 사로잡아 메시지를 쉽고 명확하게 인지하도록 돕는다. 도구적 메시지 시각화 전략 수립 시 아래 사항을 고려해야 한다.

명확한 목표 설정: 어떤 메시지를 누구에게 시각적으로 전달하고 싶은지, 이해관계자에게 어떤 인식을 심어주고 싶은지를 명확히 설정한다.

목표에 맞는 도구 선택: 전달하고자 하는 메시지의 내용과 이해관계자의 특성에 맞는 시각 도구를 선택한다.

심미성과 가독성 확보: 시각적으로 매력적이고 정보 전달에 효과적 디자인을 적용해 가독성을 높인다.

정확하고 신뢰성 있는 정보 제공: 데이터의 출처를 명확히 밝히고 객관적 사실에 기반해 시각자료를 제작한다.

간결성과 명확성: 복잡한 정보는 여러 개의 단순한 시각자료로 나누어 제시하고 핵심 메시지를 명확하게 드러낸다.

사진 및 이미지: 진정성과 현장감을 더한다

"천 마디 말보다 한 장의 사진이 강하다."

이해관계자를 주목하게 하는 ESG활동 현장을 담은 사진이나 이미지는 진정성 있는 강력한 메시지가 될 수 있다. 한 장의 사진은 긴 설명보다 강력하고 빠르게 사람들의 감정에 호소하며 깊은 인상을 남긴다. 추상적 개념인 ESG경영을 구체적 이미지로 보여줌으로써 이해도를 높이고 공감대를 형성하며 꾸밈없이 진솔한 모습을 담은 사진은 기업의 진정성을 느끼게 하고 신뢰도를 높인다. 고려할 점들이 있다.

고화질과 심미성: 시각적으로 매력적이고 메시지를 효과적으로 전달하는 고품질 이미지를 사용한다.

진정성 확보: 과도한 연출이나 가공을 지양하고 실제 활동 모습을 자연스럽게 담는 것이 중요하다

윤리적 사용: 타인의 권리를 침해하거나 오해를 불러일으킬 수 있는 이미지는 사용하지 않도록 주의한다.

유니레버는 지속가능한 농업을 통해 원재료를 조달하는 데 많은 노력을 기울이고 있다. 유니레버는 2024년 7월 첨단기술 사용을 통해 삼림 벌채 없이 팜유를 공급할 수 있는 공급망을 97.5%가량 구축하고 첨단 위성으로 2000만 헥타르(약 605억 평)를 모니터링할 수 있는 시스템을 갖췄다고 발표했다. 노동자들이 안전하고 공정한 환경에서 일하는 모습, 친환경농법 장면, 이러한 노력으로 생태계가 건강하게 유지되는 모습을 담은 사진들을 광고나 보고서 등에 활용한다.

인포그래픽: 복잡한 정보를 쉽고 명확하게 요약한다

다양한 데이터와 정보를 시각적으로 구조화해 핵심 내용을 간결하고 명확하게 전달하는 데 효과적인 도구다. 복잡한 데이터와 정보를 그림, 아이콘 등을 사용해 쉽게 이해하도록 만들어주고 텍스트 위주의 설명보다 훨씬 빠르게 핵심 내용을 파악하도록 한다. 소셜미디어 등을 통해 쉽게 공유하고 확산시킬 수 있다. 고려할 점들이 있다.

정확하고 신뢰성 있는 데이터: 객관적 데이터를 기반으로 정보를 구성하고 출처를 명확히 밝힌다.

간결하고 명료한 디자인: 복잡한 정보는 단순화하고 핵심 메시지를 강조하는 디자인을 적용한다.

일관성 유지: 기업의 브랜드 아이덴티티를 반영해 디자인의 일관성을 유지한다.

#SK그룹(SK Group)

SK그룹은 ESG경영 성과를 전달하는 다양한 형태의 콘텐츠 중 인포그래픽은 핵심적 역할을 한다. SK그룹의 인포그래픽은 각 계열사의 ESG활동을 요약하거나 특정 ESG 이슈에 대한 그룹 전체의 노력을 설명하는 데 사용된다. 예컨대, 탄소 감축 목표 달성을 위한 각 계열사의 계획이나 사회적 가치 창출 성과 등을 인포그래픽으로 제작해 공유하고 있다. 특히, 그룹 전체의 ESG 전략과 목표를 명확하게 제시하고 각 계열사의 역할을 시각적으로 연결해 보여주는 것이 특징이다. 스토리텔링 요소를 가미해 인포그래픽을 더욱 흥미롭게 만들기도 한다.

SK E&S는 탄소 포집·활용·저장기술(CCUS)에 대한 이해를 돕기 위해 인포그래픽 시리즈를 제작해 공유하고 SK텔레콤의 사회적 가치 창출 성과를 인포그래픽 형태로 공개한다. SK하이닉스는 ESG 데이터를 시각화해 한눈에 알아보기 쉽게 SRS(Sustainability Reporting System)를 구축했다.

영상 콘텐츠: 메시지에 생동감과 몰입도를 높인다

움직이는 이미지와 사운드를 통해 이해관계자의 시선을 사로잡고 메시지에 대한 몰입도를 높이는 강력한 도구다. 영상 콘텐츠 활용의 장점은 생생한 정보 전달, 감정적 연결 형성, 높은 몰입도와 기억효과, 넓은 확산 가능성이다. 텍스트나 사진보다 훨씬 생생하게 정보를 전달하고 이해도를 높인다. 사람들의 감정을 자극하고 공감대를 형성해 메시지의 설득력을 높인다. 시각적·청각적 요소를 동시에 활용해 시청자의 몰입도를 높이고 메시지를 더 오래 기억하게 한다. 유튜브, 소셜미디어 등 다양한 플랫폼을 통해 넓은 범위의 사람들에게 공유될 수 있다. 많은 기업이 ESG경영 활동을 알리고 이해를 돕기 위해 다양한 형태의 영상 콘텐츠를 제작해 활용하고 있다. 고려할 점들이 있다.

명확한 메시지 전달: 영상 제작 목적과 핵심 메시지를 명확히 설정하고 이를 효과적으로 전달한다.

매력적인 스토리텔링: 이해관계자들의 흥미를 유발하고 몰입도를 높이는 스토리텔링 기법을 활용한다.

높은 제작 품질: 영상의 내용뿐 아니라 촬영, 편집, 음향 등 전반적인 제작 품질을 높여야 한다.

접근성 확보: 다양한 이해관계자가 영상을 쉽게 이해하도록 자막, 음성 해설 등을 제공한다.

카페트기업 인터페이스는 '제로를 향한 임무(Mission Zero)'라는 야심 찬 환경 목표를 설정하고 이를 달성하기 위한 여정을 담은 영상 콘텐츠를 제작했다. 공장 운영 방식 개선, 재활용소재 사용 확대, 탄소배출량 감축 노력 등을 담은 다큐멘터리 제작을 통해 기업의 환경적 책임을 강조하고 CEO와 임직원이 출연해 회사의 ESG 비전을 설명하고 실천 의지를 보여주는 영상을 제작했다. 구체적 목표와 실행 과정을 투명하게 공개하고 진솔한 인터뷰와 현장 영상을 통해 신뢰도를 높이고 있다.

차트·그래프: 데이터 기반의 객관적 정보를 제시한다

ESG 성과 데이터를 시각적으로 표현하는 차트 및 그래프 활용의 장점은 객관적 정보 전달, 이해 용이성, 추이 및 비교 분석 용이, 신뢰도 향상이다. 수치 데이터를 통해 기업의 ESG 성과를 객관적으로 보여주면 복잡한 데이터도 시각적으로 표현해 쉽게 이해하도록 돕는다. 연도별 변화 추이나 목표 대비 달성률 등을 한눈에 파악할 수 있으며 데이터에 기반한 정보 제공은 기업의 투명성과 신뢰도를 높이는 데 기여한다. 다양한 기업이 차트와 그래프를 효과적으로 활용해 자신들의 ESG 경영 성과를 투명하게 공개하고 이해관계자들과 소통하고 있다. 고려할 점들이 있다.

정확한 데이터 사용: 신뢰할 수 있는 데이터를 기반으로 차트와 그래프를

작성한다.

명확하고 쉬운 이해: 복잡한 데이터는 단순화하고 레이블, 축 이름 등을 명확하게 표시해 쉽게 이해하도록 한다.

적절한 차트 유형 선택: 데이터 특성에 맞는 적절한 차트 유형을 선택해 정보 전달 효과를 높인다.

#네슬레(Nestlé)

네슬레는 보고서 〈가치 공유 창출〉(Creating Shared Value)를 통해 다양한 ESG 데이터를 차트와 그래프로 제공한다. 식음료산업의 특성을 반영해 농업, 영양, 물, 폐기물 등 다양한 영역의 데이터를 시각화하고 공급망 전체에 걸친 ESG 성과를 측정하고 시각화해 기업의 사회적 책임 이행 노력을 폭넓게 보여주고 있다.

지속가능한 방식으로 조달한 농산물 비율 (막대그래프 또는 꺾은선그래프)

제품 영양 성분 개선 현황 (막대그래프)

물 사용량 및 효율성 개선 추이 (꺾은선그래프)

포장재 재활용률 및 플라스틱 사용량 감축 목표 달성 현황 (막대그래프)

#애플(Apple)

애플은 매년 발행하는 〈Environmental Progress Report〉를 통해 환경 분야의 성과를 상세하게 차트와 그래프로 제시한다. 제품의 전 생애주기에 걸친 환경 영향을 투명하게 공개하고 혁신적 기술을 통한 환경문제 해결 노력을 강조하고 있다.

제품 생산 과정에서의 탄소배출량 변화 추이 (꺾은선그래프)
재생에너지 사용 비율 (원형그래프 또는 막대그래프)
포장재 재활용 가능 비율 및 사용된 재활용 소재 비율 (막대그래프)
제품 수명 연장 노력 및 재활용 프로그램 성과 (막대그래프)

#폭스바겐(Volkswagen)

폭스바겐은 지속가능성 보고서를 통해 자동차 생산 및 사용 과정에서의 환경 및 사회적 영향을 다양한 차트와 그래프로 보여주고 있다. 자동차 산업의 주요 환경 이슈인 탄소배출량 감축 노력과 함께 노동 및 공급망 관리 측면의 ESG 성과를 시각화하고 있다.

차량 생산 과정 중 에너지 및 물 사용량 추이 (꺾은선그래프)
차량 운행 시 CO2 배출량 감축 목표 및 달성 현황 (막대그래프)
직원 교육 및 개발 투자 현황 (막대그래프)
공급망 지속가능성 평가 결과 (막대그래프)

일러스트레이션·애니메이션: 추상적 개념을 시각적으로 풀어낸다

추상적이거나 복잡한 ESG 개념, 시스템, 프로세스 등을 시각적으로 쉽게 이해하도록 돕고 딱딱한 정보에 친근하고 재미있는 이미지를 더한다. 일러스트레이션 및 애니메이션 활용의 장점은 높은 접근성과 이해도, 강한 시각적 임팩트, 감성적 연결, 창의적 표현이다. 복잡한 정보도 쉽고 재미있게 전달해 더 많은 사람이 이해하도록 돕고 눈길을 사로잡는 그림과 움직임을 통해 메시지를 효과적으로 전달하고 기억에 오래 남도록 한다. 따뜻하고 친근한 그림체나 감동적인 스토리를 통해 시청자들과 감정적인 연결을 형성하며 실사 영상으로는 표현하기 어려운 내용이나 아이디어를 자유롭게 시각화할 수 있다. 다양한 기업이 자신들의 ESG경영 철학과 노력을 효과적으로 전달하기 위해 창의적 일러스트레이션과 애니메이션을 활용하고 있다. 고려할 점들이 있다.

정확한 정보 전달: 추상적 개념을 시각화하더라도 핵심 내용을 정확하게 전달해야 한다.

창의적이고 매력적인 디자인: 이해관계자의 흥미를 유발하고 메시지를 효과적으로 전달할 수 있는 창의적 디자인을 활용해야 한다.

일관성 유지: 기업의 브랜드 아이덴티티를 반영해 디자인의 일관성을 유지하는 것이 좋다.

#BNP파리바(Paribas)

BNP파리바는 지속가능 금융 및 사회적 책임을 주제로 한 애니메이션 영상을 제작해 공개하고 있다. 금융이라는 다소 딱딱하게 느껴질 수 있는 분야에서 일러스트레이션과 애니메이션을 활용해 ESG 메시지를 친근하고 이해하기 쉽게 전달하고 있다. 기후변화 대응을 위한 투자, 사회적 기업 지원, 다양성과 포용성 증진 노력 등을 알기 쉬운 애니메이션으로 설명하고 복잡한 금융상품이나 투자전략을 ESG 관점에서 설명하는 데도 애니메이션을 활용하고 있다.

#머스크(Maersk)

글로벌 해운기업인 머스크(Maersk)는 탄소배출량 감축 목표 및 친환경 운송 시스템 구축 노력을 애니메이션을 활용해 있다. 복잡한 물류시스템과 친환경 기술을 시각화해 기업의 혁신적인 노력과 미래지향적 목표를 효과적으로 전달하고 있다. 미래의 친환경 선박 디자인, 탄소중립 연료 개발 현황 등을 애니메이션으로 보여주며 지속가능한 물류시스템 구축에 대한 비전을 제시하고 있다.

비도구적 메시지 시각화

비도구적 메시지 시각화는 언어 자체의 힘으로 독자의 마음속에 생생한 그림을 그려 메시지를 각인시키는 전략이다. 추상적인 정보가 머릿속에 구체적인 장면으로 떠오르게 해 기억에 오래 남도록 하는 것이다. 생생한 묘사, 강렬한 키워드, 감정을 움직이는 표현 등은 상상력을 자극하고 공감대를 형성해 복잡하고 추상적인 ESG 메시지를 효과적으로 전달하고 기억시키는 힘을 가진다. 말로만 전달되는 메시지가 쉽게 잊히는 반면 시각적 이미지를 형성하는 언어는 깊은 인상을 남기기 때문이다. 스토리텔링 역시 이러한 비도구적 메시지 시각화 전략의 하나로 볼 수 있으며 구체적인 묘사와 비유를 통해 메시지를 더욱 생생하게 전달하는 데 효과적이다. 고려할 점들이 있다.

진정성 있는 메시지여야 한다: 과장되거나 허위적인 표현은 지양하고 진솔하고 진정성 있는 언어를 사용한다.

타깃 이해관계자 맞춤 언어를 사용한다: 메시지를 전달하고자 하는 대상의 특징과 관심사를 고려해 적절한 어휘로 표현해야 한다.

일관성을 유지한다: ESG커뮤니케이션 전반에 걸쳐 일관된 메시지와 톤 앤매너를 유지하는 것이 중요하다.

구체적이고 생생한 언어 사용: 머릿속에 장면을 그린다

추상적 단어 대신 구체적이고 감각적 언어를 사용해 메시지를 읽는 순간 머릿속에 특정 장면을 떠올리도록 유도한다. 추상적 주장 대신 무엇이 어떻게 되고 있는지 명확하게 상상하도록 구체적 정보와 감각적 묘사를 제공하는 것이 중요하다.

#"우리는 지속가능한 재생 농업을 확장하고 있습니다"

"햇살 아래 농부들은 토양의 힘을 믿고 물과 햇빛, 자연의 순환을 존중하며 농사를 짓습니다. 땅속 미생물들은 활발하게 움직이며 토양을 비옥하게 만들고 주변에는 다양한 곤충과 작은 동물들이 함께 살아갑니다. 우리는 이런 농업 방식을 통해 건강한 먹거리를 생산하고 동시에 땅과 생태계를 보호하며 미래세대에게 지속가능한 환경을 물려주고자 노력합니다."

#"우리는 지속가능한 제품을 디자인을 하고 있습니다"

"우리는 상상합니다. 아늑한 거실, 햇살이 부드럽게 드리우는 오후. 당신이 앉아 있는 편안한 소파는 재활용된 플라스틱병으로 만들어졌습니다. 은은한 불빛을 비추는 조명은 에너지효율이 높은 LED를 사용하며 옆에 놓인 테이블은 지속가능한 방식으로 관리되는 숲에서 얻은 나무로 만들어졌습니다. 이 모든 것은 당신의 더 나은 일상을 위한 디자인이며 지구에 미치는 영향을 최소화하려는 우리의 노력입니다."

강력한 키워드·문구 활용: 핵심 메시지를 각인시킨다

기업의 핵심 가치와 미션, 목표 등을 함축한 강력한 키워드나 문구는 강력한 인상을 남기고 메시지를 효과적으로 전달한다.

#파타고니아(Patagonia)
"입었던 옷"(Worn Wear)

파타고니아의 '입었던 옷(Worn Wear)'은 사용자의 손때가 묻고 시간이 흐른 흔적이 있는 옷을 떠올리게 한다. '입었던 옷'은 고유한 이야기와 추억을 떠오르게 하며 감성적인 연결을 유도한다. 이를 통해 과도한 소비를 지양하고 물건의 가치를 오래 유지하는 파타고니아의 경영철학을 시각적으로 강력하게 전달했다.

#인터페이스(Interface)
"기후 되찾기"(Climate Take Back)

카페트타일·바닥재기업 인터페이스의 "기후 되찾기(Climate Take Back)"는 수동적으로 기후변화에 대응하는 것이 아니라 빼앗긴 것을 되찾으려는 영웅적 이미지가 연상된다. 적극적으로 문제를 해결하고 건강한 기후를 되찾겠다는 의지를 각인시킨다. 파괴된 생태계 복원, 기존의 틀을 벗어난 혁신 기술, 장기적 관점에서 지속가능한 경영을 추구하는 모습이 그려지게 한다. "기후 되찾기"라는 문구는 단순히 환경보호에 동참하는 수준을 넘어 지구의 기후를 적극 개선하고 회복하겠다는 강력하고 혁신적 비전을 제시하는 기업으로 각인시킨다.

감각적 언어 활용:
오감을 활용한 메시지가 몰입도를 높인다

시각뿐 아니라 청각, 후각, 미각, 촉각 등 오감을 자극하는 언어를 사용해 메시지를 더욱 생생하게 경험하도록 전달한다. 감각적 언어는 상상력을 자극하고 메시지에 대한 몰입도를 높인다.

#"우리는 지속가능한 패션을 만듭니다"
(순환경제 실현)

"옷은 입고 버려지는 것이 아니라 순환하는 여정입니다. 버려진 페트병으로 만든 옷감은 부드럽고 낡은 옷으로 만든 데님은 빈티지하며 견고합니다.(촉각) 폐기물을 최소화한 디자인은 깔끔하고 오래도록 아름답습니다.(시각) 옷을 꺼낼 때마다 천연염료로 만든 은은한 자연의 향기가 느껴집니다.(후각) 수명이 다한 옷은 재활용해 새로운 가치로 만듭니다. 우리의 옷을 입는 것은 지속가능한 미래를 위한 경험입니다.(경험)"

#"우리는 안전한 노동환경을 보장합니다"

"밝고 환한 작업 공간, 명확하고 눈에 잘 띄는 안전 표지판, 모든 작업자가 자신에게 맞는 보호장비를 착용한 모습. 우리는 작업환경의 구석구석까지 안전을 최우선으로 디자인합니다.(시각) 인체공학적으로 설계된 우리의 안전장비는 편안한 착용감을 제공하며 작업자의 움직임을 방하지 않습니다. 튼튼하고 내구성이 뛰어난 소재는 위험한 환경에서 작업자를 보호해 줍니다.(촉각)"

메시지 시각화 체크리스트

목표 설정과 계획

전달하고자 하는 ESG 메시지가 명확하게 정의됐는가?

목표 이해관계자는 누구이며 그들의 특징과 이해 수준을 고려했는가?

메시지 시각화를 통해 달성하고자 하는 구체적 목표(정보 전달, 인식 개선, 행동 유도 등)가 설정됐는가?

메시지를 전달할 커뮤니케이션 채널(보고서, 웹사이트, 소셜미디어, 프레젠테이션 등)의 특성에 적합한 시각화 전략인가?

전체적 ESG커뮤니케이션 전략 및 브랜드 이미지와 일관성을 유지하는가?

시각화 콘텐츠 제작에 필요한 예산, 시간, 인력 등 자원을 고려했는가?

메시지 시각화 전략의 효과를 측정하고 평가할 지표와 방법을 고려했는가?

도구적 메시지 시각화
(사진, 인포그래픽, 영상 등 활용)

제시하는 데이터는 정확하고 최신 정보인가?

데이터 출처를 명확히 밝혔는가?

복잡한 데이터나 정보를 시각적으로 간결하고 이해하기 쉽게 표현했는가?(차트, 그래프, 인포그래픽 등의 적절한 활용)

시각 자료가 시각적으로 매력적이고 주목을 끌도록 디자인됐는가?(색상, 레이아웃, 폰트 등의 조화)

핵심 메시지를 명확하게 강조하고 있으며 불필요하거나 혼란을 야기하는 요소는 제거했는가?

이미지를 사용할 경우 고품질이며 메시지와 관련성이 높고 윤리적인 방식으로 활용됐는가?

영상을 활용할 경우 명확한 메시지와 흥미로운 스토리텔링을 담고 있는가? 접근성을 고려해 자막 등을 제공하는가?

모든 이해관계자가 시각자료에 쉽게 접근하고 이해하도록 고려했는가?(색상 대비, 폰트 크기, 대체 텍스트 제공 등)

기업의 시각적 브랜딩 가이드라인을 준수해 일관성을 유지했는가?

비도구적 메시지 시각화
(언어적 심상화 활용)

핵심 ESG 메시지를 간결하고 명확하며 기억하기 쉬운 언어로 표현했는가?

비유, 은유, 직유, 생생한 묘사 등 수사적 표현을 활용해 메시지를 효과적으로 전달하는가?

강력하고 긍정적 키워드나 슬로건을 사용해 핵심 메시지를 강조하고 각인시키는가?

타깃 이해관계자의 가치관, 신념, 감성 등을 고려해 공감대를 형성할 수 있는 언어를 사용했는가?

진정성 있고 투명한 언어를 사용해 신뢰를 구축하고 있는가?

추상적 개념을 구체적 행동이나 결과와 연결해 타깃 이해관계자의 이해를 돕는가?

스토리텔링 전략
: 마음을 움직이는 힘

스토리텔링이 주는 힘

스토리텔링은 ESG커뮤니케이션에서 강력한 힘을 발휘한다. 첫째, 감정을 움직여 ESG활동에 대한 공감과 몰입을 이끌어낸다. 둘째, 단순한 사실보다 오랫동안 기억에 남아 메시지의 효과를 높인다. 셋째, 복잡하고 전문적인 ESG 개념을 쉽고 직관적으로 전달해 이해도를 높인다. 넷째, 진정성 있는 이야기를 통해 ESG워싱에 대한 경계심을 넘어 신뢰를 구축한다.

다섯째, 감동과 공감을 통해 윤리적 소비, 친환경투자 등 ESG 관련 인식 변화와 행동을 유도한다. 여섯째, ESG 가치 실천 과정의 도전과 변화를 공유하며 기업이 진정성을 강화한다. 일곱째, 수많은 기업이 ESG를 외치는 시대에 차별화된 스토리는 브랜드에 대한 주목도를 높인다. ESG는 팩트 나열이 아니라 사람들의 마음을 움직여 공감, 기억, 행동을 이끌어내는 스토리텔링을 통해 진정한 가치를 발휘할 수 있다.

어떤 스토리가 효과적일까?

무엇보다 진솔함이 핵심이다. 꾸며낸 이야기는 오히려 신뢰를 잃게 마련이다. 기업의 실제 가치와 노력을 바탕으로 사회에 긍정적 영향을 미친 진정한 사례를 중심으로 이야기를 풀어내야 공감을 얻을 수 있다.

이러한 진솔함은 곧 사람들의 마음을 움직이는 힘으로 이어진다. ESG활동을 단순히 '해야 할 일'로 설명하기보다 임직원, 수혜자, 지역주민 등의 진솔한 경험과 감정을 담아 이야기를 구성해야 감동을 선사할 수 있다. 긍정적 변화는 물론 ESG활동 과정에서 겪었던 어려움과 실패, 이를 극복해나가는 과정을 솔직하게 보여주는 것이 진정성을 더한다.

ESG스토리는 기업의 ESG철학과 가치를 자연스럽게 담아내야 한다. 탐스의 창업자 블레이크 마이코스키는 아르헨티나 여행 중 신발이 없어 맨발로 다니는 아이들의 어려움을 목격한 후 "신발 한 켤레를 판매할 때마다 한 켤레를 기부한다"는 'One for One' 모델을 창안했다. 이처럼 ESG경영 철학과 가치를 전달하는 스토리가 필요하다.

아무리 감동적인 이야기도 데이터로 뒷받침해야 신뢰를 얻을 수 있다. 객관적 데이터, 수치, 구체적 사례가 부족하면 설득력을 잃기 쉽다. 따라서 탄소배출량 감소, 사회공헌 실적, 지배구조 개선 등 객관적 지표를 활용해 스토리를 강화하고 진정성을 높이는 것이 중요하다.

마음을 움직이는 ESG 스토리텔링

ESG 스토리텔링은 하나의 이야기를 풀어내듯 문제 제기에서 시작해 기업의 가치관, 구체적 실행 과정, 긍정적 결과, 미래 비전으로 자연스럽게 이어진다. 이러한 흐름을 통해 기업은 ESG활동 나열을 넘어 지속가능한 미래를 향해 의미 있는 기여를 하고 있는지 설득력 있게 보여줄 수 있다.

첫 번째 단계는 'Why', 왜 이 문제가 중요한가다. 먼저 기업이 주목하는 ESG 관련 문제의 배경과 심각성을 명확히 제시해야 한다. 왜 이 문제가 중요하며 기업과 다양한 이해관계자에게 어떤 영향을 미치는지 구체적으로 설명하는 것이 필요하다. 이때 숫자나 데이터를 활용해 문제의 심각성을 객관적으로 강조할 수 있다. 예컨대, "매년 800만 톤의 플라스틱이 바다로 유입돼 해양 생태계를 파괴하고 있으며 이는 결국 우리의 식탁까지 위협하는 심각한 문제입니다"같이 문제의 심각성을 간결하게 전달할 수 있다.

두 번째 단계는 'What', 기업은 무엇을 하려고 하는가다. 문제의 심각성을 인지한 기업이 이를 해결하기 위해 어떤 철학과 방향성을 가지고 노력하는지 제시해야 한다. 기업이 해당 문제에 대해 어떤 입장을 취하고 있으며 어떤 가치를 중요하게 생각하는지 명확히 밝히는 것이 중요하다. 예컨대, "우리는 미래세대에게 깨끗한 환경을 물려주기 위해 지속가능한 자원을 활용한 생산 방식으로의 전환을 적극 추진해야 한다고 믿습니다"같이 기업의 의지를 드러낼 수 있다.

세 번째 단계는 'How', 어떻게 문제를 해결해 왔는가다. 기업이 제시한 철학과 방향성에 따라 실제로 어떤 구체적 행동을 취해 문제를 해결해 왔는지 상세하게 담아야 한다. 해당 문제를 해결하기 위해 기업이 어떤 프로젝트나 캠페인을 진행했으며 기업 내부뿐 아니라 공급망, 소비자, 지역사회 등 다양한 이해관계자와 어떻게 협력했는지 구체적으로 설명해야 신뢰도를 높일 수 있다. 예컨대, "우리는 매장에서 버려지는 커피 찌꺼기를 단순히 폐기하는 대신 이를 재활용해 친환경 퇴비로 만들어 지역 농가에 제공하는 프로젝트를 3년째 지속하고 있습니다"같이 구체적 실행 과정을 제시할 수 있다.

네 번째 단계는 'Impact', 어떤 긍정적 변화를 만들었는가다. 기업의 ESG활동이 실제로 어떤 성과를 거두었으며 어떤 긍정적 변화를 만들어냈는지 객관적 데이터를 기반으로 제시해야 한다. 문제 해결에 기여한 구체적인 결과와 함께 소비자, 지역사회, 환경 등 다양한 영역에 미친 긍정적 영향을 강조하는 것이 중요하다. 예컨대, "우리의 포장재 개선 노력을 통해 지난 한 해 동안 플라스틱 폐기물 발생량을 20% 감축할 수 있었습니다"같이 측정 가능한 성과를 제시할 수 있다.

다섯 번째 단계는 'What's Next', 앞으로 어떻게 발전해 나갈 것인가다. 기업이 현재까지의 노력을 바탕으로 앞으로 어떤 지속적인 ESG 비전과 목표를 가지고 나아갈 것인지 제시해야 한다. 앞으로 이 노력을 어떻게 확장하고 심화시켜 나갈 것인지 장기적 목표와 계획은 무엇인지 명확히 보여줌으로써 기업의 지속가능한 성장에 대한 의지를 강조해야 한다. 예컨대, "우리는 5년 안에 모든 제품의 포장재를 100% 재활용 가능하거나 생분해 가능한 소재로 전환하고 재생에너지 사용 비율을 50%까지 확대할 계획입니다"같이 구체적인 비전을 제시할 수 있다.

ESG 스토리텔링은 다섯 단계를 거치며 기업이 지속가능한 미래를 위해 어떤 고민을 하고 어떤 노력을 기울이며 어떤 성과를 만들어내고 있는지 하나의 흐름으로 보여주는 효과적인 방법이다.

#마이크로소프트
"과거의 탄소 발자국까지 지우다"

Why - 왜 필요한가?

2020년 1월 마이크로소프트 본사 이사회 회의실에서 한 장의 슬라이드가 띄워졌다.

"현재 추세라면 2050년까지 지구 온도는 2°C 이상 상승할 것이다."

기후변화는 먼 나라 이야기가 아니라 눈앞에 닥친 현실이었다. 해수면 상승, 기록적인 폭염, 잇따른 대규모 자연재해는 기업 경영에도 직접적인 위협으로 다가오기 시작했다. 마이크로소프트에게는 더 깊은 숙제가 있었다. 단순히 환경문제의 피해를 받는 것을 넘어 지난 수십 년간 탄소배출에 적잖이 책임져야 할 주체라는 사실을 깨달은 것이다. CEO 사티아 나델라는 이 묵직한 현실 앞에서 깊은 생각에 잠겼다.

"우리 회사가 그동안 배출한 탄소는 어떻게 책임질 것인가?"

'탄소중립'을 넘어 '탄소발자국'까지 완전히 지워야 하는 것은 아닌지 고민했다.

What - 기업은 무엇을 하는가?

고민 끝에 나델라는 이사회에서 중대한 결정을 내렸다.

"2030년까지 우리는 탄소배출량보다 많은 탄소를 제거하는 '탄소네거티브(Carbon Negative)' 기업이 될 것이다."

과거의 책임을 통감하고 미래를 향한 변화를 선언하는 순간이었다.

How - 어떻게 해결했는가?

야심찬 목표를 달성하기 위해 마이크로소프트는 구체적 행동과 실천에 나섰다. 2025년까지 모든 데이터 센터의 탄소배출을 100% 중립 목표, 2030년까지 대기 중 이산화탄소 6,000만 톤 제거, 2050년까지 창립 이후 배출한 모든 탄소를 완전히 제거, 10억 달러 규모의 '기후혁신기금'을 조성해 새로운 탄소포집기술 개발과 상용화를 지원, 전 세계의 데이터센터, 사무실, 심지어 공급망까지 100% 재생에너지로 운영하는 시스템 구축, 클라우드 AI기술을 활용한 '탄소회계시스템'을 출시해 다른 기업들이 실시간으로 탄소배출량을 추적하고 감축하도록 지원한다.

Impact - 어떤 변화를 만들었나?

마이크로소프트의 과감한 행보는 산업 전반과 기업들의 인식에 주목할 만한 변화를 가져왔다. 마이크로소프트의 탄소 회계 시스템을 활용하는 기업이 늘고 있으며 기술기업들 사이에서 '탄소네거티브' 개념이 새로운 기준으로 자리잡기 시작했다. 투자자들과 소비자들 역시 탄소 감축 노력을 기업 평가의 중요한 기준으로 고려되고 있으며 마이크로소프트는 정부와 협력해 글로벌 탄소정책 수립에도 기여하고 있다.

마이크로소프트는 '친환경기업' 이미지를 넘어 '탄소제거기술 선도 기업'으로 발돋움하고 있다. 2050년까지 배출된 모든 탄소를 완전히 제거하겠다는 목표를 변함없이 추진하며 AI와 데이터 분석 기술을 활용한 탄소감축 솔루션을 더욱 확대해 나갈 계획이다. 전 세계 기업들이 '탄소네거티브' 목표를 설정하고 실천하도록 적극 지원하며 "우리는 과거의 잘못을 미래의 기술로 바로잡을 것"이라는 강력한 메시지를 통해 지속가능한 미래를 향한 의지를 확고히 하고 있다.

단순히 "마이크로소프트가 탄소를 줄인다"는 정보 전달이 아니다. "탄소배출의 책임을 기업이 어떻게 질 수 있는가?", "탄소발자국까지 없애려는 도전이 가능할까?" 하는 철학과 도전이 결합됐기에 강력한 ESG 메시지가 될 수 있다.

#파타고니아(Patagonia)
지구를 위한 비즈니스모델

Why - 왜 필요한가?

1970년대 파타고니아 창립자 이본 쉬나드(Yvon Chouinard)는 자연을 사랑하는 열렬한 등반가였다. 어느 날 등반하던 중 깎아지른 절벽을 바라보다 한 가지 문제를 깨달았다.

'우리가 쓰는 등반장비가 자연을 망가뜨리고 있다.'

그가 만든 클라이밍 장비는 견고했지만 자연을 훼손하고 있었다. 인간의 활동으로 숲이 사라지고 강이 오염되며 동물들의 서식지가 줄어들고 있었다.

"기업은 자연을 보호하는 역할을 해야 한다."

그는 이 문제를 해결하기 위해 파타고니아를 아웃도어 브랜드가 아니라 '환경을 위한 기업'으로 만들기로 결심했다.

What - 기업은 무엇을 하는가?

"기업은 자연에 빚을 지고 있다."

"매출의 일부는 반드시 환경보호를 위해 사용해야 한다."

"사람들이 옷을 덜 사고 오래 입도록 해야 한다."

이러한 철학 아래 '1% for the Planet' 프로그램이 탄생했다.

"우리는 매출의 1%를 지구를 위해 사용하겠다."

이 프로그램은 파타고니아뿐 아니라 다른 기업들도 환경보호에 동참하도록 유도하는 글로벌 운동으로 발전했다.

How - 어떻게 해결했는가?

'1% for the Planet' 프로그램을 도입해 파타고니아는 매출의 1%를 환경단체에 기부하는 제도를 만들었다. 현재까지 1억4,000만 달러 이상이 환경보호를 위해 사용됐다. 'Worn Wear' 프로그램을 시작했다. 파타고니아는 사람들이 제품을 오래 입도록 수선 서비스를 제공하기 시작했다. 소비자들은 중고 제품을 매장에 가져와 판매하거나 교환할 수 있게 됐다. 지속가능한 소재로 전환해 신제품 생산을 줄이고 100% 재활용 섬유를 사용한 제품을 개발했다.

Impact - 어떤 변화를 만들었나?

전 세계 5,000개 이상의 기업이 '1% for the Planet'에 가입해 환경보호 활동에 동참하고 매년 수천 개 제품이 수선돼 쓰레기로 버려지는 것을 막고 있다. 파타고니아의 매출은 줄어들지 않았으며 오히려 브랜드 충성도가 높아지고 있다. "환경을 보호하는 것이 비즈니스의 핵심 가치가 될 수 있다"는 인식이 확산되고 소비자들이 '패스트패션'이 아니라 오래 입을 수 있는 옷을 선택하는 문화가 만들어지고 있다. 다른 패션 브랜드들도 지속가능한 소재 사용 및 수선 서비스 도입을 확대하고 있으며 환경보호단체들이 기업과의 협업을 통해 더 많은 프로젝트를 실행할 수 있게 됐다.

What's Next - 어떻게 발전할 것인가?

파타고니아는 앞으로 모든 제품을 100% 재생소재로 전환하고 'Worn Wear' 프로그램을 전 세계로 확대하며 '1% for the Planet' 가입 기업을 더욱 늘려 환경보호 기금을 확대할 것이다.

"우리는 더 적게 만들고 더 많이 보호할 것이다."

파타고니아 이야기는 "기업이 환경을 위해 무엇을 할 수 있는가?"라는 질문에 대한 답을 제시한다. 매출의 1%를 환경보호에 쓴다는 철학을 실천하고 제품을 오래 입도록 장려하는 소비문화를 선도하며 나아가 다른 기업들의 ESG경영 실천까지 이끌어내는 파타고니아의 행보는 환경보호와 비즈니스 성공이 양립 가능함을 증명한다. 이는 기업이 환경에 진 빚을 갚고 지속가능한 미래를 만들어나가는 데 적극 참여해야 한다는 메시지를 전한다.

ESG 디지털 채널 최적화 전략
: 메시지 전달 효과 높이는 노하우

타깃 이해관계자 맞춘 디지털 매체 전략

각 이해관계자 집단의 특성에 맞는 디지털 매체 활용 전략을 수립하고 실행해 ESG커뮤니케이션의 효과를 극대화하고 신뢰관계를 구축할 수 있다.

[투자자]

투자자들은 기업의 장기적 성장 가능성과 안정성을 평가하는 데 중점을 둔다. 그들은 단순히 재무적 성과뿐 아니라 기업이 환경과 사회적 리스크를 이렇게 관리하고 긴진한 지배구조를 확립하고 있는지에 대한 투명하고 신뢰할 만한 정보를 원한다.

#주요 디지털 채널

기업 웹사이트 IR 섹션: ESG 관련 데이터, 지속가능성 보고서, ESG정책, 주주총회 정보 등 공식적인 정보를 제공하는 핵심 채널입니다. 접근 용이성과 정보의 신뢰성이 중요하다.

온라인 지속가능보고서: PDF 형태뿐 아니라 웹 기반의 인터랙티브한 보고서를 통해 투자자들이 원하는 정보를 쉽게 탐색하고 이해하도록 지원해야 한다.

금융정보 플랫폼(Bloomberg, Refinitiv 등)**:** 기업의 ESG 데이터를 다양한 투자 분석 도구와 연동해 제공함으로써 투자자들의 정보 접근성을 높일 수 있다.

소셜미디어(LinkedIn 등)**:** 기업의 ESG 성과 발표, 경영진의 ESG 관련 메시지 공유를 통해 투자자들과 소통하고 긍정적 인식을 형성할 수 있다.

#디지털 매체 활용 전략:

정기적 정보 업데이트: ESG 성과 데이터, 주요 활동 업데이트, 공시 정보 등을 적시에 웹사이트 IR 섹션에 게시해 정보의 시의성을 유지한다.

데이터 시각화: 복잡한 ESG 데이터를 인포그래픽, 차트, 테이블 등 시각적인 형태로 제공해 투자자들의 이해도를 높이고 정보 분석의 효율성을 향상시킨다.

온라인 IR(Investor Relations)**:** 웹캐스트, 화상회의, 온라인 질의응답 플랫폼 등을 활용해 투자자들과 비대면으로 소통하고 궁금증을 해소하며 투명성을 강화한다.

질의응답 플랫폼 활용: 투자자들이 ESG 관련 질문을 자유롭게 하고 기업 담당자가 답변할 수 있는 온라인플랫폼을 운영해 적극적인 소통을 도모한다.

[소비자]

소비자들은 단순히 제품이나 서비스의 기능적 측면뿐 아니라 기업이 환경과 사회에 미치는 영향, 윤리적 경영 활동 여부 등 ESG 가치를 중요하게 생각한다.

#주요 디지털 채널

소셜미디어(Instagram, Facebook, Twitter 등): 브랜드 이미지 구축, ESG 캠페인 홍보, 고객과의 소통 채널로 활용된다. 시각적 콘텐츠와 진솔한 소통이 중요하다.

브랜드 웹사이트: 제품/서비스의 ESG 관련 상세 정보 제공, 기업의 사회적 책임 활동 소개, 고객 문의 채널 등으로 활용된다.

온라인 커뮤니티와 블로그: 특정 주제에 대한 고객들의 의견 교환과 정보 공유의 장으로 활용될 수 있으며 기업은 진솔한 소통을 통해 신뢰를 구축할 수 있다.

이메일 마케팅: ESG 뉴스, 캠페인 소식, 이벤트 정보 등을 고객에게 맞춤형으로 제공해 지속적인 관계를 유지하고 참여를 유도할 수 있다.

#디지털 매체 활용 전략

매력적 스토리텔링 콘텐츠: 기업의 ESG활동을 고객의 공감을 얻을 수 있는 스토리텔링 형태로 제작해 전달하고 긍정적인 브랜드 이미지를 구축한다.

참여형 캠페인: 고객이 ESG활동에 참여하는 온라인캠페인(친환경제품 사

용 인증샷 이벤트, 플로깅 챌린지 등)을 기획해 브랜드 충성도를 강화한다.

고객 후기 활용: 친환경 제품 사용 후기, 사회 공헌 활동 참여 후기 등 고객들의 긍정적 경험을 디지털 채널을 통해 공유해 정보의 신뢰도를 높인다.

타깃 광고: ESG에 관심 있는 특정 고객층을 대상으로 맞춤형 디지털 광고를 집행해 메시지 전달 효과를 극대화해야 한다.

[직원]

직원들은 기업의 ESG경영 방침과 활동에 대한 공유와 이해도가 높아야 기업 문화에 ESG 가치를 내재화하고 외부적으로도 긍정적 메시지를 전달하는 데 기여할 수 있다.

#주요 디지털 채널

사내 인트라넷: 회사의 공식적인 ESG 관련 정보(정책, 목표, 성과, 뉴스 등)를 공유하고 직원들의 접근성을 높이는 핵심 채널이다.

이메일: 경영진 메시지. 상세한 교육 프로그램 안내, 각 개인 업무와 관련된 ESG 실천 방안이나 지침 등을 효과적으로 전달할 수 있다

사내 소셜미디어: 실시간 소통, 정보 공유, 팀 협업, 직원들의 자유로운 의견 개진의 장으로 활용될 수 있다.

온라인교육 플랫폼: ESG 관련 교육 콘텐츠를 제공해 직원들의 이해도를 높이고 전문성을 강화할 수 있다.

#디지털 매체 활용 전략

정기적 뉴스레터: 회사의 ESG 관련 최신 소식, 임직원 인터뷰, ESG 관련 성공 사례등을 공유해 직원들의 관심과 참여를 유도한다.

온라인 게시판 운영: ESG 아이디어 제안, 의견 교환, 질의응답 등을 위한 온라인 게시판을 운영해 직원들의 적극적인 참여와 소통을 장려한다.

영상 콘텐츠 활용: CEO 메시지, ESG캠페인 소개 영상, 임직원 인터뷰 영상 등 다양한 형태의 영상 콘텐츠를 제작해 정보 전달의 효과를 높이고 직원들의 몰입도를 향상시킨다.

임직원 참여 이벤트: ESG 관련 온라인퀴즈, 아이디어공모전, 봉사활동 참여 신청 등 다양한 온라인 참여 이벤트를 기획해 직원들의 자발적 참여를 유도한다.

[기타 이해관계자]

지역사회: 지역사회와의 긍정적인 관계 형성은 기업의 사회적 책임 이행에 중요한 이해관계자다. 기업은 지역사회 웹사이트, 소셜미디어, 온라인 뉴스 채널 등을 통해 지역사회 공헌 활동, 환경보호 노력 등을 공유하고 소통할 수 있다.

NGO(비정부기구)와 시민단체: NGO와의 협력은 기업의 ESG활동의 전문성과 신뢰도를 높이는 데 도움이 된다. 기업은 NGO 웹사이트, 소셜미디어, 공동 캠페인 등을 통해 협력 내용을 알리고 긍정적인 관계를 구축할 수 있다.

정부/규제기관: 정부 및 규제 기관과의 원활한 소통은 기업의 ESG 관련 법규 준수 및 정책 협력에 필수적이다. 기업은 공식 웹사이트, 관련 정부 기관 웹사이트, 온라인 공시 시스템 등을 통해 필요한 정보를 제공하고 소통할 수 있다.

ESG 메시지 유형별 디지털 콘텐츠 전략

ESG커뮤니케이션에서 전달하고자 하는 메시지 유형은 다양하며 메시지의 유형에 따라 효과적인 디지털 콘텐츠 유형이 달라진다.

정보 전달형

객관적 사실, 데이터, 정책 등을 전달한다.

텍스트 기반 게시물: 블로그 게시물, 뉴스기사, 소셜미디어 텍스트 업데이트 등을 통해 구체적 정보를 상세하게 제공할 수 있다. 핵심 내용을 명확하고 간결하게 작성하는 것이 중요하다.

상세 보고서 PDF: 지속가능경영보고서, ESG 데이터 보고서 등 방대한 양의 정보를 담아 공식 웹사이트나 관련 플랫폼을 통해 제공한다. 검색 기능, 목차 등을 활용해 정보 접근성을 높여야 한다.

FAQ(자주 묻는 질문): ESG 관련 일반적인 질문이나 오해를 해소하는 데 유용하다. 웹사이트나 소셜미디어 채널을 통해 제공하며 명확하고 이해하기 쉬운 답변을 제시한다.

시각적 강조형

복잡한 정보나 핵심 메시지를 간결하고 임팩트 있게 전달한다.

이미지: 고품질의 사진이나 일러스트레이션을 활용해 ESG활동의 긍정적 측면을 시각적으로 보여줄 수 있다.

인포그래픽: 데이터, 통계, 프로세스 등을 시각적으로 표현해 정보의 이해도와 집중도를 높일 수 있다.

카드뉴스: 여러 장의 이미지와 짧은 텍스트를 조합해 핵심 정보를 쉽고 빠르게 전달할 수 있는 소셜미디어 플랫폼에 최적화된 형태다.

참여 유도형

이해관계자의 참여와 소통, ESG에 대한 관심을 높이는 데 목적을 둔다.

영상 콘텐츠: 짧은 홍보 영상, 인터뷰, 애니메이션 등을 통해 생생하고 흥미로운 방식으로 ESG 메시지를 전달할 수 있다. 유튜브, 인스타그램 릴스 등 영상 플랫폼에서 효과적이다.

라이브 방송: 실시간 Q&A, 전문가 인터뷰, ESG 관련 이벤트 생중계 등을 통해 이해관계자와 직접 소통하고 상호작용할 수 있다.

퀴즈: ESG 관련 지식을 재미있게 테스트하고 참여를 유도할 수 있다. 소셜미디어 스토리 기능이나 별도의 퀴즈 플랫폼을 활용할 수 있다.

설문조사: 이해관계자의 의견을 수렴하고 ESG 관련 니즈를 파악하는 데 유용하다. 온라인 설문조사 도구를 활용할 수 있다.

심층 설명형

특정 ESG 이슈에 대한 깊이 있는 이해를 돕고 전문적인 정보를 제공한다.

블로그 게시물: 특정 ESG 주제에 대한 심층분석, 전문가 의견, 사례연구 등을 제공해 이해관계자의 이해도를 높일 수 있다. 검색 엔진 최적화를 통해 정보 접근성을 높이는 것이 중요하다

팟캐스트: 음성 콘텐츠를 통해 이해관계자에게 편안하게 ESG 관련 정보를 제공할 수 있다. 출퇴근시간이나 이동 중에도 쉽게 접근할 수 있다는 장점이 있다.

웨비나(Webinar)**:** 온라인 세미나 형태로 진행되며 전문가 강연, 패널 토론 등을 통해 심도 있는 정보를 제공하고 실시간 질의응답시간을 가질 수 있다.

채널별 콘텐츠 최적화 전략

효과적인 디지털 콘텐츠 전략은 각 디지털 채널의 특성과 이해관계자에 맞춰 최적화하는 데 있다. 채널별 이해관계자의 연령대, 관심사, 콘텐츠 소비 방식 등을 고려해 콘텐츠의 형식, 길이, 톤앤매너 등을 최적화해야 한다. 예컨대, 인스타그램은 짧고 보기 좋은 콘텐츠를, 링크드인은 전문적인 글 콘텐츠를 제공하는 것이 적합하다.

페이스북: 다양한 연령대 사용자를 보유하고 있으며 텍스트, 이미지, 영상 등 다양한 형식의 콘텐츠를 공유하기에 적합하다 ESG 관련 뉴스 공

유, 캠페인 홍보, 이벤트 안내 등에 활용할 수 있으며 이해관계자와의 소통을 위한 댓글 기능을 적극 활용한다.

인스타그램: 젊은 세대 이용률이 높고 시각적 콘텐츠(이미지, 짧은 영상)에 대한 선호도가 높다. ESG 관련 사진 또는 이미지, 짧고 임팩트 있는 영상, 카드뉴스 등을 통해 브랜드 이미지를 제고하고 이해관계자의 관심을 끌 수 있다. 스토리 기능을 활용한 실시간 소통이나 퀴즈 이벤트도 효과적이다.

링크드인: 비즈니스 전문가 및 업계 관계자들이 주로 이용하는 플랫폼이다. 기업의 ESG전략, 성과, 채용 정보 등을 공유하고 업계 리더십을 보여주는 콘텐츠를 발행하는 데 적합하다. 전문가 그룹 참여를 통해 네트워킹을 강화할 수도 있다.

유튜브: 영상 콘텐츠를 중심으로 이해관계자와 소통하는 플랫폼이다. ESG캠페인 영상, 기업 소개 영상, 임직원 인터뷰, 전문가 강연 등 다양한 형태의 영상 콘텐츠를 제작해 이해관계자의 이해도를 높이고 참여를 유도할 수 있다.

트위터: 실시간 뉴스, 짧은 의견 교환, 빠른 정보 확산에 강점을 가진 플랫폼이다. ESG 관련 속보 공유, 간결한 메시지 전달, 해시태그를 활용한 캠페인 참여 유도 등에 활용될 수 있다.

콘텐츠 확산 전략

아무리 좋은 콘텐츠라도 필요한 사람들에게 제대로 알려지지 않으면 효과를 보기 어렵다. 효과적으로 콘텐츠를 퍼뜨리려면 적절한 때와 횟수, 다양한 디지털 채널 조합, 그리고 자연스러운 홍보와 유료 광고 활용 등을 함께 고려하는 것이 필요하다.

최적의 콘텐츠 게시 시기와 횟수 설정: 이해관계자 가장 활발하게 활동하는 시간대를 파악해 콘텐츠를 게시하고 각 플랫폼의 특성에 맞는 적절한 게시 횟수를 유지한다. 소셜미디어 분석 도구를 활용해 최적의 타이밍을 파악한다.

다양한 디지털 채널 조합: 각 디지털 채널의 장점을 활용해 콘텐츠를 다양한 방식으로 재가공하고 배포해 많은 사람이 보도록 한다. 예컨대, 블로그 게시물을 요약해 소셜미디어에 공유하거나 영상 콘텐츠를 여러 플랫폼에 동시 게시한다.

유기적 도달 및 유료 광고 활용: 좋은 콘텐츠를 만들어 검색엔진 최적화(SEO)와 소셜미디어 최적화(SMO)를 통해 사람들이 검색했을 때 잘 보이도록 하고 소셜미디어에서 잘 퍼지도록 하면 많은 사람들에게 알려질 수 있다. 원하는 특정 이해관계자를 타깃팅하는 유료광고를 전략적으로 활용해 콘텐츠 확산 효과를 높일 수 있다.

디지털 매체 성과 측정과 분석

효과적인 ESG커뮤니케이션을 위해서는 디지털 매체 전략의 효과를 지속적으로 측정하고 분석해 개선해 나가는 과정이 필수적이다. 객관적인 데이터를 기반으로 성과를 평가하고 문제점을 파악해 전략을 수정함으로써 디지털 커뮤니케이션의 효율성을 극대화할 수 있다.

주요 디지털 매체별 성과 지표(KPIs) 설정

각 디지털 채널별로 성과를 측정하려면, 명확하고 측정할 수 있는 성과지표(KPI)를 정해야 한다. 이 성과 지표는 ESG커뮤니케이션 목표와 연결되며 각 채널의 특징에 맞게 정해야 한다.

도달률(Reach): 특정 콘텐츠를 실제로 본 사람의 수를 의미한다. 도달률이 높다는 것은 그 만큼 많은 새로운 사람들이 콘텐츠를 보았음을 의미다. 메시지 확산 범위를 파악하고 잠재적 메시지 파급력을 측정할 수 있다. 브랜드 인지도를 높이고 새로운 캠페인이나 메시지를 알릴 때 도달률을 높이는 것이 핵심 목표가 될 수 있다

노출수(Impressions): 메시지가 단순히 보여진 횟수를 나타낸다. 타깃 이해 관계자가 그 광고를 봤는지 안 봤는지는 중요하지 않고 화면에 나타난 횟수를 세는 것이다.

클릭수(Clicks): 얼마나 많은 사람이 흥미를 느껴서 클릭했는지 사람들이 반응을 보인 횟수를 나타낸다. 웹사이트 트래픽 유입, 특정 캠페인 페이지 방문 등을 측정하는 데 사용된다.

웹사이트 트래픽(Website Traffic): 웹사이트 방문자 수, 페이지뷰 수, 방문 시간 등을 포함하는 지표로, ESG 정보 허브로 웹사이트의 영향력을 평가하는 데 중요하다.

페이지뷰(Page Views): 특정 기간 동안 웹사이트의 특정 페이지가 조회된 횟수를 나타낸다. ESG 콘텐츠의 인기나 정보 접근성을 파악하는 데 활용된다.

체류시간(Time on Site): 사용자가 웹사이트에 머문 평균 시간을 의미한다. 콘텐츠의 몰입도나 정보의 유용성을 간접적으로 측정할 수 있다.

전환율(Conversion Rate): 웹사이트 방문자가 특정 목표 행동(예: ESG보고서 다운로드, 뉴스레터 구독, 이벤트 신청 등)을 완료한 비율을 나타낸다. ESG 커뮤니케이션의 실질적인 효과를 측정하는 데 중요하다.

소셜미디어 참여율(Engagement Rate): 게시물에 대한 좋아요, 댓글, 공유, 저장 등의 반응을 종합적으로 평가하는 지표다. 이해관계자의 관심도와 소통 수준을 파악하는 데 활용된다.

팔로워 증가수(Follower Growth): 소셜미디어 채널의 이해관계자 확대 추세를 나타낸다. 장기적인 이해관계자 확보와 영향력 확대를 측정하는 데 사용된다.

긍정·부정 반응 분석(Sentiment Analysis): 소셜미디어, 댓글, 온라인 게시판 등에서 ESG 관련 키워드에 대한 이해관계자의 감성적 반응을 분석하는 것이다. 기업 이미지와 평판 관리에 중요한 지표다.

온라인 언급량(Social Listening): 특정 키워드나 브랜드 이름이 온라인에서 언급되는 횟수를 측정한다. ESG 관련 이슈에 대한 이해관계자의 관심도나 기업 인지도를 파악하는 데 활용된다.

키워드 분석(Keyword Analysis): 이해관계자가 ESG 관련 정보를 검색할 때 사용하는 주요 키워드를 분석해 콘텐츠 최적화와 검색광고 전략 수립에 활용한다.

평판 지수(Reputation Score): 다양한 온라인 데이터를 종합적으로 분석해 기업의 전반적인 평판을 수치화한 지표다. ESG활동이 기업 이미지에 미치는 영향을 평가하는 데 사용될 수 있다.

디지털 분석 도구 활용

설정된 성과지표(KPI)를 효과적으로 측정하고 분석하기 위해 다양한 디지털 분석 도구를 활용할 수 있다.

웹사이트 분석(Google Analytics 등): 웹사이트 트래픽, 페이지별 조회수, 사용자 행동 패턴, 유입 경로 등을 분석해 웹사이트의 성과를 종합적으로 파악할 수 있다. ESG 관련 특정 페이지 방문자 수, 체류시간, 이탈률 등을 분석해 콘텐츠 개선에 활용할 수 있다.

소셜미디어 분석 플랫폼(Facebook Insights, Instagram Insights, Twitter Analytics 등): 각 소셜미디어 플랫폼에서 제공하는 기본적인 분석 기능을 통해 게시물별 노출률, 참여율, 이해관계자 인구학적 통계 등을 확인할 수 있다.

외부 분석 서비스(소셜미디어 통합 관리 및 심층분석 플랫폼): Hootsuite, Sprout Social, Emplifi 같은 플랫폼은 여러 소셜미디어 계정을 한 곳에서 관리하고 성과를 측정하는 데 특화돼 있다. 게시물 예약, 콘텐츠 관리 등 기본적인 기능 외에도, 이해관계자 분석, 경쟁사 분석 같은 심층적인 분석 기능을 제공한다. 많은 경우 감성 분석 기능을 포함해 브랜드에 대한 전반적 여론을 파악할 수 있다.

소셜리스닝 도구(웹 전반 실시간 언급 모니터링 및 평판 관리): Brandwatch, Mention, Talkwalker, Meltwater 같은 도구는 소셜미디어뿐 아니라 뉴스기사, 블로그, 포럼 등 웹 전체에서 특정 키워드, 브랜드 이름 등이 언급되는 것을 실시간으로 모니터링하는 데 집중한다. 이를 통해 브랜드 평판을 관리하고 위기 상황을 감지하며 시장 동향을 파악할 수 있다. 대부분의 소셜 리스닝 도구는 수집된 언급에 대한 긍정적·부정적 감성 비율을 분석해 보여주는 기능을 포함한다.

디지털 감성 분석 도구(텍스트 데이터 감정 분석 도구): MonkeyLearn, Lexalytics, Amazon Comprehend 등과 같은 디지털 감성 분석 도구는 텍스트 데이터에서 긍정, 부정, 중립 같은 감성을 자동으로 분류해 이해관계자의 반응을 심층적으로 파악하는 데 특화된 도구다. 때로는 외부 분석 서비스나 소셜 리스닝 도구에 포함된 기능으로 제공되기도 하지만 더욱 정교한 감성 분석이나 특정 목적에 맞춰진 분석을 위해 독립적으로 사용할 수 있다.

데이터 기반 ESG커뮤니케이션 전략 개선 방안

디지털 분석 도구를 통해 수집된 데이터는 ESG커뮤니케이션 전략의 효과성을 객관적으로 평가하고 개선 방향을 설정하는 데 중요한 자료다.

정기적 데이터 분석과 인사이트 도출: 주기적으로(주간, 월간 등) 디지털 매체 성과 데이터를 분석하고 목표 대비 달성률, 이해관계자 반응 추이, 콘텐츠별 효과 등을 파악해 의미 있는 인사이트를 도출한다.

성과 부진 채널, 콘텐츠 개선 방안 모색: 데이터 분석 결과, 목표 대비 성과가 저조한 디지털 채널이나 반응이 좋지 않은 콘텐츠 유형을 파악하고 그 원인을 분석해 개선 방안을 모색한다. 특정 소셜미디어 채널의 참여율이 낮다면 콘텐츠 형식이나 메시지 전달 방식을 변경하는 것을 고려할 수 있다.

새로운 디지털 트렌드, 기술 적용 검토: 데이터 분석 결과와 함께 변화하는 디지털 트렌드 및 새로운 기술(메타버스, 인공지능 등)의 이해관계자 반응을 살피고 ESG커뮤니케이션에 적용할 방안을 검토한다.

매력 높이는 ESG보고서

ESG보고서, 어떻게 매력적으로 작성할까?

ESG보고서는 기업의 지속가능성에 대한 약속과 성과를 이해관계자에게 보여주는 중요한 커뮤니케이션 채널이다. 보고서가 이해관계자들에게 매력적으로 작성되는 것은 매우 중요하며 이는 단순한 정보 나열을 넘어선 전략적 커뮤니케이션 과정이라 할 수 있다. 어떤 데이터를 담을지 결정하는 것 뿐 아니라 데이터를 어떻게 하면 이해관계자들이 기업의 ESG경영 활동을 이해하고 공감할 수 있을지 전략적 접근이 필요하다.

ESG보고서가 단순히 정보를 제공하는 데 그치지 않으려면 보고서를 통해 얻고자 하는 명확한 목적을 설정하고 주요 타깃 이해관계자를 정의하며 전달하고자 하는 핵심 메시지를 구체화가 선행돼야 한다. 주요 이해관계자가 누구인지, 이해관계자들이 ESG보고서를 통해 무엇을 알고 싶어 하는지, 이를 통해 그들이 어떤 결정을 내리기를 기대하는지를 깊이 고민하고 보고서를 작성해야 한다.

첫 번째 핵심은 ESG보고서 전체를 관통하는 명확한 메시지가 있어야 한다. 이는 보고서를 통해 이해관계자들에게 전달하고자 하는 가장 중요한 이야기는 무엇인지 명확히 해야 한다는 것을 의미한다. 보고서는 단순히 기업이 ESG를 실천한다는 사실을 알리는 것을 아니다. "우리 기업이 ESG를 왜 중요하게 생각하며 어떤 가치관을 가지고 이 문제에 접근하고 있는가? 그리고 그 목표를 어떻게 구체적 행동으로 옮기고 있는가?"에 대한 명확한 메시지가 돼야 한다.

ESG보고서는 다양한 정보와 데이터를 담고 있지만 모든 요소가 하나의 일관된 핵심 메시지를 중심으로 연결돼야 설득력을 가진다. 즉, 단순히 ESG 목표와 달성 성과를 나열하는 정보의 집합이 아니라 기업의 가치관과 ESG경영 철학을 담은 하나의 설득력 있는 하나의 이야기가 돼야 한다,

애플은 "지구를 위한 혁신"이라는 메시지를 중심으로 보고서의 모든 내용이 이 메시지를 뒷받침하도록 구성하고 있다. 보고서의 첫머리에 위치하는 CEO 메시지를 통해 기업이 ESG를 왜 핵심 가치로 삼는지 명확하게 밝히고 있다. '우리 기업은 환경 및 사회적 책임을 최우선 가치로 생각하며 '핵심적 ESG 목표'를 달성하기 위해 '구체적 실행 전략'을 추진해 나갈 것입니다.'같이 ESG경영의 핵심 방향을 제시하는 하나의 문장은 보고서 전체의 방향성에 대한 이해관계자의 이해를 높일 수 있다.

핵심메시지를 설정할 때는 추상적이거나 모호한 표현을 피하고 구체적이고 기억하기 쉬운 문구로 만드는 것이 효과적이다. 이 메시지가 보고서의 다른 내용들과 유기적으로 연결돼야 한다. 보고서의 서론, 본론, 결론 각 부분에서 핵심 메시지를 일관되게 언급하고 이를 뒷받침하는

근거와 사례를 제시해야 한다.

둘째, 보고 프레임워크에 따라 이해관계자에게 필요한 정보를 맞춤형으로 제공하는 것이다. ESG보고서는 어떤 프레임워크를 따르느냐에 따라 타깃 이해관계자가 달라진다. 예컨대, GRI 프레임워크는 투자자뿐 아니라 고객, 직원, 지역사회 등 광범위한 이해관계자를 대상으로 포괄적인 정보를 제공하는 것을 목표로 한다. 반면, SASB 프레임워크는 주로 투자자와 분석가를 염두에 두고 재무적 중요성이 높은 ESG 정보를 전달하는 데 초점을 둔다. TCFD 프레임워크는 기후변화의 위험과 기회 분석에 특화돼 투자자와 정부 기관을 주요 대상으로 한다. EU의 CSRD 및 ESRS 프레임워크는 유럽연합 내 기업뿐 아니라 EU시장에 진출한 기업에게도 적용되는 광범위한 지속가능성 보고 기준으로 투자자, 분석가뿐 아니라 시민사회단체, 소비자 등 다양한 이해관계자에게 영향을 미치는 광범위한 ESG 정보를 상세하게 요구하며 '이중중대성(Double Materiality)' 개념을 강조해 기업의 재무적 영향뿐만 아니라 사회 및 환경에 미치는 영향까지 포괄적으로 보고하도록 하고 있다.

각 ESG 보고 프레임워크가 설정한 대상이 명확히 다르므로 기업은 핵심 이해관계자, 그들이 필요로 하는 핵심 메시지와 정보 제공 방식을 달리해야 한다. 모든 ESG 데이터를 나열하는 것이 아니라 보고서의 핵심 이해관계자들이 어떤 정보를 통해 실질적인 가치를 얻고 자신들의 의사결정에 활용할 수 있을지 깊이 고민해 보고서를 구성해야 한다.

셋째, 전략적 목표에 따른 구체적 실행 계획을 명확히 제시해 신뢰도를 높여야 한다. 이해관계자들은 보고서에서 기업이 지속가능성 목표를 실제로 어떻게 달성해 나갈 것인지에 대한 구체적 정보를 원한다. 각 ESG 목표에 대한 실질적인 실행 계획, 단계별 로드맵, 측정 가능한 지표, 책임 부서, 예산 배정 등을 상세하게 기술해야 한다. 이는 기업이 ESG경영을 진지하게 생각하고 있으며 목표 달성을 위한 구체적 의지와 역량을 갖추고 있음을 보여주는 중요한 커뮤니케이션 전략이다. 현실적이고 체계적인 실행 계획을 제시해 이해관계자들의 신뢰를 얻을 수 있다.

예컨대, 탄소배출량 감축 목표를 제시했다면 그 목표를 달성하기 위해 어떤 구체적 활동(에너지 효율 개선 프로젝트, 재생에너지 도입 계획, 공급망 관리 방안 등)을 언제까지, 어떤 단계로 실행할 것인지 명확하게 밝히는 것이 필요하다. 각 활동에 대한 예상되는 성과와 이를 측정할 지표를 함께 제시하는 것이 효과적이다.

실행 계획들이 기업의 전반적인 전략적 목표와 어떻게 연결되는지 명확하게 설명해야 한다. ESG 목표가 단순히 별개의 활동이 아니라 기업의 장기적 성장과 가치 창출에 기여하는 핵심 요소임을 강조해 보고서의 메시지에 대한 공감대를 형성할 수 있다.

넷째, 약점을 솔직하게 공개하고 구체적 개선 방안을 제시해 진정성을 보여줘야 한다. 완벽한 기업은 없으며 ESG경영 과정에서도 어려움이나 개선의 여지가 존재하기 마련이다. 약점을 공개할 때는 단순히 문제점을 언급하는 것에 그치지 않고 그 원인을 분석하고 현재 상황을 명확하게 설명해야 한다. 예컨대, "특정 환경 기준을 아직 충족하지 못하고 있습니다"라고 언급하는 대신, "특정 공정에서 발생하는 폐수 처리 시설이 노후화돼 환경 기준을 일시적으로 충족하지 못하고 있으며 이는 설비 투자 지연으로 인해 발생했습니다"같이 구체적 상황을 설명하는 것이 신뢰를 준다.

더 중요한 것은 이러한 약점을 어떻게 개선해 나갈 것인지에 대한 명확하고 실현 가능한 계획을 제시하는 것이다. "개선을 위해 노력하겠습니다"라는 추상적 표현이 아니라 "내년 상반기까지 신규 폐수처리시설 투자를 완료하고 관련 교육 프로그램을 통해 직원들의 환경 관리 역량을 강화할 계획입니다"같이 구체적 목표와 실행 일정을 제시해야 한다. 이를 통해 이해관계자들은 기업이 당면한 과제를 정확히 인지하고 있으며 그 해결을 위한 명확한 의지와 구체적 계획을 갖춘 지속적으로 성장하고 발전할 가능성이 높은 기업으로 인식하게 된다.

다섯째, 명확하고 효과적인 핵심 메시지 전달은 ESG보고서 성공의 핵심이다. ESG보고서에는 다양한 정보가 담겨 있지만 궁극적으로 이해관계자들에게 전달하고자 하는 메시지가 무엇인지 분명히 해야 한다. 핵심메시지는 보고서 전체를 관통하는 주제가 되며 ESG경영 방향과 가치를 압축적으로 보여준다.

핵심메시지를 명확하게 전달해 이해관계자들은 보고서의 주요 내용을 쉽게 파악하고 기억할 수 있다. 핵심메시지를 효과적으로 전달하기 위해서는 다양한 커뮤니케이션 전략을 활용해야 한다.

시각적 요소를 활용해 핵심메시지를 강조하는 것도 좋은 방법이다.

메시지 시각화는 복잡한 정보나 데이터를 시각적으로 표현해 핵심 메시지를 더욱 직관적이고 쉽게 이해하도록 돕는다. 인포그래픽, 차트, 그래프 등을 활용하면 텍스트만으로 전달하기 어려운 내용을 효과적으로 보여줄 수 있으며 핵심 메시지에 대한 주목도를 높일 수 있다. 예컨대, 보고서의 표지나 주요 페이지에 핵심메시지를 눈에 띄게 배치하거나 이를 나타내는 인포그래픽이나 슬로건을 사용하는 것을 고려할 수 있다.

스토리텔링은 핵심메시지에 감정과 맥락을 부여해 이해관계자들의 공감을 얻고 기억에 오래 남도록 한다. 사실을 나열하는 것이 아니라 기업의 ESG경영 여정과 그 과정에서 겪은 도전과 성과를 이야기 형식으로 풀어내면 이해관계자들은 더욱 몰입하고 핵심메시지를 더 깊이 이해하게 된다.

데이터 출처와 검증 가능성은 핵심메시지의 신뢰성을 높이는 데 필수적이다. 제시되는 모든 데이터와 정보의 출처를 명확하게 밝히고 필요한 경우 외부 기관의 검증을 거친 결과를 제시함으로써 이해관계자들이 정보를 믿고 받아들이도록 해야 한다. 투명한 데이터 관리는 핵심메시지에 대한 확신을 심어준다.

비재무적 성과를 구체적 지표로 제시하는 것은 핵심 메시지를 더욱 강력하고 설득력 있게 전달하는 데 필수요소다. "우리 회사는 환경을 보호하기 위해 노력하고 있습니다"라고 말하는 것보다 "우리 회사는 작년에 비해 탄소배출량을 10% 줄였습니다" 또는 "우리 회사의 에너지 소비량 중 30%를 재생에너지로 충당했습니다"라고 구체적 숫자를 제시하는 것이 훨씬 설득력이 있다. "사회에 기여하고 있습니다"라고 말하는 것보다 "우리는 작년에 지역사회 봉사활동에 500시간을 투자했고 취약계층에 1,000만 원을 기부했습니다"라고 구체적 활동 시간과 금액을 밝히는 것이 이해관계자들이 회사의 노력을 명확하게 이해하도록 한다. 정확한 수치나 측정 가능한 정보를 사용하면 기업이 실제로 어떤 성과를 만들어내고 있는지 객관적으로 보여줄 수 있어 핵심 메시지에 대한 이해관계자들의 신뢰도를 높일 수 있다. 핵심메시지를 전달할 때 비재무적 성과를 구체적 지표로 제시하는 것을 잊지 않아야 한다.

여섯째, 이해관계자의 접근성을 고려한 다양한 형태의 보고서를 제작해야 한다. 모든 이해관계자가 동일한 방식으로 정보를 소비하거나 선호하는 것은 아니다. ESG보고서를 상세한 PDF 파일로 제공하는 것은 정보 접근성을 제한하고 보고서의 영향력을 감소시킬 수 있다. 다양한 이해관계자의 특성과 니즈를 고려해 여러 형태의 보고서를 제작해 제공하는 것이 중요하다.

가장 일반적인 형태인 상세보고서는 ESG경영 활동과 성과에 대한 모든 내용을 담고 있어야 한다. 주로 투자자, 분석가, ESG 전문가 등 심층적인 정보를 필요로 하는 이해관계자들에게 적합하다.

핵심을 요약한 보고서를 제작해 대중과 시간에 쫓기는 이해관계자 등이 빠르게 핵심 정보를 파악하도록 하는 것이 중요하다. 이는 보고서의 주요 내용을 쉽게 이해하고 관심을 가지도록 유도한다.

온라인보고서를 제작해 웹사이트를 통해 접근성을 높이는 깃이 중요하다. 온라인보고서는 검색 기능, 인터랙티브 요소, 멀티미디어 자료(이미지, 영상 등)를 포함해 사용자의 편의성을 높일 수 있다. PC뿐 아니라 모바일기기에서도 쉽게 접근하고 확인하도록 반응형 웹 디자인을 적용하는 것도 필수적이다.

인포그래픽, 카드뉴스, 영상 등 시각적 콘텐츠를 활용해 보고서의 주요 내용을 간결하고 매력적으로 전달하는 것도 효과적인 방법이다. 이는 소셜미디어 채널을 통해 공유하기도 용이해 더 많은 이해관계자에게 보고서 내용을 확산시키는 데 도움이 된다.

다양한 형태의 보고서를 제작하고 여러 채널을 통해 제공해 기업은 더 많은 이해관계자가 ESG 정보를 쉽고 편리하게 접근하도록 만들고 보고서의 영향력을 극대화할 수 있다.

ESG보고서의 효과적 피드백

ESG보고서의 완성도를 높이고 지속가능경영을 개선하기 위한 효과적인 피드백 프로세스는 다음과 같다.

첫째, 피드백 목표를 명확히 설정하는 것이 중요하다. 피드백 프로세스를 통해 무엇을 달성하고자 하는지 구체적인 목표(예: 보고서 신뢰성 향상, 정보 공개 수준 개선, 이해관계자 만족도 증진 등)를 설정해야 한다.

둘째, 피드백 대상과 범위를 구체적으로 설정한다. 피드백을 받을 이해관계자 그룹(투자자, 고객, 임직원, NGO, 지역사회 등)과 피드백을 요청할 보고서 범위(전체, 특정 섹션, ESG경영 전략 등)를 명확히 결정한다.

셋째, 효과적인 피드백 수집 방법을 설계하고 다양한 채널을 마련해야 한다. 설문조사, 인터뷰, 포커스 그룹 인터뷰, 온라인 플랫폼, 이메일 등 다양한 채널을 통해 여러 이해관계자들이 쉽고 편안하게 의견을 제시하도록 한다. 설문조사는 주요 이해관계자 대상 구체적인 의견 수렴을 목표로 한다. 인터뷰·토론은 심층적인 의견 청취에 유용하다. 온라인 플랫폼은 상시 피드백 채널을 운영하는 데 효과적이다.

넷째, 수집된 피드백을 체계적으로 분석하고 우선순위를 설정한다. 주요 이슈를 파악해 개선 우선순위를 정하고 즉시 반영 가능한 부분과 중장기적으로 검토해야 할 부분을 구분한다.

다섯째, 분석된 피드백을 바탕으로 보고서를 수정 및 보완한다. 목표를 구체화하고 내용을 수정하며 추가 정보를 공개하고 표현 방식을 변경하는 등 다양한 개선 활동을 수행할 수 있다.

여섯째, 피드백 반영 과정을 투명하게 공개해 신뢰를 구축한다. 주요 수정 사항과 이유를 명확히 기록하고 변경 내역을 공개하며 피드백 반영 결과와 그 영향을 공식적으로 발표한다.

일곱째, 피드백 반영 결과가 ESG 목표 달성에 미치는 영향을 지속적으로 확인하고 내부 피드백 시스템을 구축한다. 정기적인 피드백 세션을 통해 의견을 수렴하고 직원들이 자유롭게 의견을 제시할 환경을 조성해 내부 의견 또한 반영한다.

#유니레버
지속가능한 생활 보고서
〔Sustainable Living Report〕

유니레버는 '유니레버 지속가능한 생활 계획(Unilever Sustainable Living Plan, USLP)'이라는 장기적인 지속가능경영 전략을 수립하고 매년 〈지속가능생활보고서〉(Sustainable Living Report)를 발간해 '지속가능한 생활 계획'의 진척 상황과 성과를 투명하게 공개했다. 보고서는 2010년부터 2020년까지 발간됐으며 '지속가능한 생활 계획' 종료 후에는 새로운 지속가능경영 전략에 따라 보고서 형태가 변화했다.

장기적인 약속과 일관성: 10년이라는 장기간에 걸쳐 지속가능한 생활 계획을 추진하고 매년 보고서를 통해 그 과정을 투명하게 공개해 지속가능경영의 진정성과 장기적인 의지를 강력하게 전달했다. 이는 이해관계자에게 "유니레버는 지속가능성을 단순한 유행이 아닌 경영의 핵심으로 생각한다"는 메시지를 효과적으로 전달하는 전략이다.

명확한 목표와 진척 상황 시각화: USLP는 구체적이고 측정 가능한 목표를 설정하고 보고서를 통해 각 목표의 달성 진척 상황을 인포그래픽, 차트 등을 활용해 시각적으로 명확하게 제시했다. 예컨대, '환경발자국 절반으로 줄이기', '10억 명 이상의 삶의 질 향상' 같은 목표의 달성률을 그래프와 함께 보여줌으로써 추상적 목표를 구체화하고 성과를 쉽게 이해하도록 도왔다.

이해관계자 맞춤형 정보 제공: 보고서는 다양한 이해관계자 그룹(소비자, 투자자, NGO, 정부 기관 등)의 관심사를 고려해 정보를 제공했다. 예컨대,

소비자에게는 제품의 지속가능성 속성을 강조하고 투자자에게는 ESG 성과와 재무적 성과의 연관성을 제시하는 등 이해관계자들이 필요로 하는 정보를 맞춤형으로 제공해 보고서의 효용성을 높였다.

솔직하고 균형 잡힌 정보 공개: 긍정적 성과뿐 아니라 목표 달성에 어려움을 겪는 부분이나 개선이 필요한 영역도 솔직하게 공개했다. 예컨대, 특정 목표의 달성률이 낮거나 계획보다 지연되는 경우 원인을 분석하고 개선 계획을 설명해 투명성을 높이고 신뢰를 구축했다. "우리는 완벽하지 않지만 지속적으로 개선하기 위해 노력한다"는 메시지를 전달하는 전략이다.

웹 기반 인터랙티브 보고서: 온라인 플랫폼을 통해 보고서를 제공하고 인터랙티브 기능을 활용해 사용자 경험을 개선했다. 예컨대, 데이터를 다운로드하거나, 특정 주제에 대한 심층 정보를 클릭 한 번으로 확인하도록 접근성을 높였다.

#파타고니아
〈활동주의보고서〉
〔Activism Report〕

파타고니아는 "우리는 지구를 되살리기 위해 사업을 합니다(We're in business to save our home planet)"라는 미션 아래 환경보호와 사회적 책임을 위한 활동주의(Activism) 캠페인을 적극 전개하고 있다. 파타고니아의 〈활동주의 보고서〉(Activism Report)는 단순한 ESG 정보 공개를 넘어 파타

143

고니아의 활동주의 철학과 실천 사례를 생생하게 전달하는 독특한 형태의 보고서다.

차별화된 보고서 형식: 파타고니아는 전형적인 ESG보고서 형식에서 벗어나 〈활동주의보고서〉라는 새로운 보고서 유형을 창조했다. 이는 파타고니아만의 독특한 정체성과 ESG경영 철학을 강력하게 각인시키는 차별화 전략이다. "우리는 단순히 ESG경영을 하는 기업이 아니라 세상을 바꾸기 위해 활동하는 기업이다"라는 메시지를 전달한다.

스토리텔링 중심 콘텐츠: 보고서는 데이터 나열 대신, 파타고니아가 참여한 다양한 환경보호 및 사회 변화 캠페인 스토리를 중심으로 구성된다. 예컨대, 특정 환경 문제에 대한 캠페인 배경, 활동 과정, 구체적 성과, 그리고 캠페인에 참여한 사람들의 이야기를 생생하게 전달해 공감과 참여를 유도한다.

강렬한 비주얼 및 감성적 호소: 보고서는 생생한 캠페인 현장 사진, 감동적인 영상 등 강렬한 비주얼 요소를 적극 활용해 감성을 자극하고 메시지 전달 효과를 극대화한다. 이는 "우리의 활동은 데이터뿐 아니라 가슴으로 하는 것"이라는 진정성을 보여주는 전략이다.

고객 참여 유도: 보고서는 파타고니아의 활동주의 캠페인에 고객 참여를 유도하는 다양한 액션 아이템을 제시한다. 예컨대, 환경보호 단체 소개, 캠페인 서명 참여 링크, 제품 재활용 프로그램 안내 등을 제공해 고객이 파타고니아의 ESG경영 활동에 직접 동참하도록 유도한다. "우리는 혼자가 아닌 함께 세상을 바꿀 수 있다"는 메시지를 강조하는 전략이다.

투명한 가치관 및 신념 표명: 보고서는 파타고니아의 핵심 가치관(환경보호, 사회적 책임, 정직성, 품질 우선)과 신념을 명확하게 표명하고 ESG경영 활동의 근거로 활용한다. 예컨대, "우리는 이윤보다 지구를 먼저 생각한다", "우리는 일회용 소비 문화를 반대한다" 같은 강력한 메시지를 통해 파타고니아만의 ESG 정체성을 확립하고 있다.

#마이크로소프트
연례보고서 및 지속가능성보고서
(Sustainability Report)

마이크로소프트는 연례보고서(Annual Report)와 지속가능성보고서 (Sustainability Report)를 별도로 발간해 ESG 정보를 공개하고 있다. 연례보고서에서는 재무성과와 함께 ESG 주요 성과를 간략하게 요약해 투자자 관심사를 충족시키고 지속가능성보고서에서는 환경, 사회, 지배구조별 세부 정보와 성과를 상세하게 제공해 다양한 이해관계자의 정보 요구에 대응한다.

보고서 유형 분리 및 목적 명확화: 연례보고서와 지속가능성보고서를 분리 발간해 보고서의 커뮤니케이션 목적과 타깃 이해관계자를 명확하게 설정했다. 연례보고서는 투자자 중심으로 핵심 ESG 정보를 요약 제공하고 지속가능성보고서는 ESG 전문가, NGO, 학계 등 다양한 이해관계자를 대상으로 심층 정보를 제공하는 투트랙 전략을 활용하고 있다.

데이터 기반 객관적 정보 제공: 마이크로소프트는 데이터 중심의 ESG 보고에 중점을 둔다. 보고서 전반에 걸쳐 객관적 데이터, 구체적 수치, 검증 가능한 근거를 풍부하게 제시해 정보의 신뢰성을 높이고 투자자 및 전문가 그룹의 신뢰를 확보하고 있다.

글로벌 ESG 프레임워크 준수: GRI, SASB, TCFD, CDP 등 글로벌 ESG 보고 기준 을 준수하고 각 기준에서 요구하는 정보를 보고서에 충실히 반영하고 있다. 이는 보고서의 비교 가능성 과 국제적 신뢰도를 높이는 전략이다. 어떤 기준을 준수했는지 명시하고 기준별 대응 목차를 제공해 정보 탐색 편의성을 높이고 있다.

미래 지향적 ESG 비전 제시: 마이크로소프트는 '지속가능성 2030 약속 (Sustainability 2030 Commitment)' 같은 구체적 중장기 목표를 제시하고 이를 달성하기 위한 혁신 기술 및 솔루션 개발 노력을 강조한다. "우리는 미래 지속가능성 도전을 기술 혁신으로 선도하는 기업이다"라는 메시지를 전달하는 전략이다.

다양한 디지털 커뮤니케이션 채널 활용: 웹사이트, ESG 대시보드, 인터랙티브 보고서, 영상 콘텐츠, 소셜미디어 등 다양한 디지털 채널을 활용해 ESG보고서 접근성을 높이고 정보 확산 효과를 극대화하고 있다. ESG 대시보드를 통해 ESG 데이터를 실시간으로 공개하고 사용자 맞춤형 데이터 분석 기능을 제공해 정보 활용도를 높이고 있다.

유니레버, 파타고니아, 마이크로소프트 등 ESG경영의 리더 기업들은 ESG보고서가 단순히 공시 자료가 아니라 다양한 이해관계자와 적극 소통함으로써 기업의 긍정적인 ESG 스토리를 널리 알리고 기업 가치를 높이는 전략적 커뮤니케이션 도구로 활용하고 있다. 이들 기업 사례 분석을 통해 알 수 있는 ESG보고서의 핵심 커뮤니케이션 전략은 다음과 같다.

첫째, 명확한 목적과 타깃 독자 설정이다. 보고서의 커뮤니케이션 목표(신뢰 구축, 이미지 제고 투자 유치 등)와 타깃 이해관계자(투자자, 고객, 직원, NGO 등)를 명확히 설정하고 이에 맞춰 보고서 내용, 형식, 톤앤매너를 차별화한다.

둘째, 차별화된 콘텐츠와 형식 개발이다. 획일적인 보고서에서 벗어나, 기업의 특성과 ESG경영 철학을 반영한 창의적 콘텐츠와 형식을 개발해 보고서의 주목도를 높이고 메시지 전달 효과를 극대화한다. 스토리텔링, 비주얼 요소, 인터랙티브 기능 등을 적극 활용한다.

셋째, 진정성 및 투명성 확보다. 긍정적 정보뿐만 아니라 개선점과 도전 과제 등 균형 잡힌 정보를 솔직하게 공개하고 객관적 데이터와 근거를 제시해 보고서의 신뢰도를 높인다. 장기적인 약속과 꾸준한 실천, 적극적인 이해관계자 소통 노력을 통해 진정성을 더한다.

넷째, 다양한 커뮤니케이션 채널 활용이다. 웹사이트, 소셜미디어, 영상, 오프라인 행사 등 다양한 채널을 유기적으로 연계해 ESG 정보 접근성을 높이고 보고서의 메시지를 다각적으로 확산시키는 전략을 구사한다. 디지털 기술을 적극 활용해 인터랙티브 경험과 맞춤형 정보 제공을 강화한다.

다섯째, 지속적인 개선 및 진화다. ESG 보고를 일회성 활동이 아닌 지속적인 커뮤니케이션 과정으로 인식하고 이해관계자 피드백, 최신 트렌드, 기술 변화 등을 반영해 보고서를 꾸준히 개선해 나간다.

여섯째, 글로벌 기업들은 ESG보고서를 기업의 ESG 스토리를 효과적으로 전달하는 핵심 커뮤니케이션 도구로 활용하고 있다.

E

S

G

대상별
맞춤 전략

이해관계자 팬심 구축 전략
: 이해관계자 이해하기

투자자
ESG경영의 장기적 가치와 안정성 정확히 전달

ESG경영을 통해 투자 유치를 목표로 하는 기업은 높은 ESG 평가점수나 탄소배출량 감소와 같은 지표만으로는 투자자들의 관심을 끌지 못한다. 투자자들이 중요하게 여기는 것은 ESG경영을 통한 지속가능한 성장과 장기적인 안정성이다. ESG활동이 단기적인 수익을 넘어 장기적인 기업 가치 향상과 위험 관리 강화에 어떻게 기여하는지 명확하게 제시해야 한다.

사회적 가치를 창출하는 ESG경영이라 할지라도 투자자는 재무적 성과를 담보하지 못하는 기업에게 투자하지 않는다. 기업은 ESG경영이 단기적으로 비용 증가나 수익성 악화를 초래할 수 있다는 우려를 해소하고 미래의 더 큰 성공을 위한 전략임을 확신시켜야 한다. 투자자들이 ESG경영을 통해 단기적 변동성을 극복하고 장기적으로 안정적인 고수익을 추구할 수 있다고 믿을 때 ESG경영의 진정한 가치를 인정하고 투자에 나선다.

투자자를 대상으로 하는 ESG커뮤니케이션은 "어떻게 ESG경영이 장기적인 가치와 안정성을 주는가?를 확신시키는 커뮤니케이션전략이 돼야 한다. ESG평가 점수나 목표를 나열하는 것에 그치지 않고 ESG경영이 자산 가치 증대, 리스크 감소, 수익성 향상으로 이어지는 구체적 근거와 데이터를 제시해야 한다. ESG 목표 설정부터 성과 달성까지의 과정을 투명하게 공개하고 투자자들과 적극 소통하며 신뢰를 구축해야 한다. 투자자의 관심에 맞춘 전략적 커뮤니케이션을 통해 기업은 단기적인 재무적 부담에 대한 우려를 불식시키고 장기적 관점에서 투자자들의 확신과 지지를 얻을 수 있다.

소비자
가치를 느낄 때 브랜드에 대한 충성도가 생긴다

소비자는 브랜드로부터 특별한 가치를 경험할 때 브랜드에 대한 강력한 애착심을 갖게 된다. 소비자들은 기업의 ESG경영활동이 자신이 추구하는 가치를 실현하고 있다고 느낄 때 강력한 '팬심'이 생겨나 자발적 홍보대사가 돼준다. 이것이 바로 오늘날 기업들이 ESG경영에 주목해야 하는 핵심 이유다.

좋은 제품을 넘어 자신의 가치관과 신념을 반영하는 소비를 추구하는 시대다. MZ는 환경보호, 사회적 책임과 같은 ESG 가치에 깊은 관심을 가지고 있으며 이러한 가치를 실현하는 브랜드에 높은 충성도를 보인다. 그들은 자신이 소비하는 행위가 단순히 물건을 사는 것을 넘어 더 나은 세상을 만드는 데 기여한다고 생각한다.

소비자들 대상으로 한 ESG커뮤니케이션은 ESG경영 활동이 어떻게 소비자들이 추구하는 가치를 실현시키고 있는지 보여줄 수 있어야 한다. 커뮤니케이션전략은 기업은 ESG활동을 통해 소비자들이 어떤 가치를 실현할 수 있는지를 전달하는 데 초점을 두어야 한다.

스타벅스는 소비자들이 스타벅스 커피를 마시는 행위를 통해 자신도 환경보호에 동참하고 있다고 느끼도록 한다. 파타고니아는 환경문제에 대한 적극적인 행동과 투명한 정보 공개를 통해 소비자들에게 '지속가능한 소비'라는 가치를 제시한다. 소비자들은 파타고니아 제품을 구매함으로써 자신의 환경보호 가치관이 표현된다고 느끼며 브랜드에 대한 깊은 신뢰와 지지를 보낸다. 나이키의 친환경신발 '플라이레더'는 "환경보호를 위한 당신의 선택"이라는 메시지를 통해 소비자들에게 자신의 가치관을 실현할 기회를 제공한다. 이케아는 저렴하면서도 친환경제품을 통해 '착한 소비'가 어렵거나 비싸다는 편견을 깨고', 더 많은 소비자가 ESG 가치를 실천하도록 돕는다.

소비자 대상 ESG커뮤니케이션의 핵심은 소비자들의 가치관과의 연결성을 강조하는 데 있다. 소비자들이 중요하게 생각하는 환경보호, 사회적 책임, 윤리적 소비 등 ESG 이슈를 중심으로 자사의 ESG활동을 통해 소비자들이 자신의 가치관을 실현하고 더 나은 세상에 기여하고 있다고 느끼도록 메시지를 구성하는 것이 중요하다.

이러한 연결성이 효과적으로 전달되도록 전문용어나 추상적 표현은 지양하고 감성적인 스토리텔링과 시각적 요소를 활용해 소비자들이 공감하고 몰입할 수 있는 커뮤니케이션이어야 한다. 웹사이트, SNS 등 다양한 채널을 통해 소비자와 적극 소통하며 의견을 경청하고 피드백에

응답하고 소비자들이 '가치소비'를 체감할 수 있는 캠페인이나 이벤트에 참여하도록 기회를 제공하는 것은 브랜드에 대한 소속감을 높이는 방법이 될 수 있다.

소비자 대상 ESG커뮤니케이션은 자사의 ESG경영을 통해 만들어갈 더 나은 미래에 대한 비전과 소비자들이 추구하는 가치를 연결해 제품 구매에 의미를 부여하는 것이 핵심이다.

직원
ESG 비전과 내가 일하는 이유가 일치할 때 열정이 생긴다

ESG커뮤니케이션에서 직원들은 빼놓을 수 없는 핵심적인 이해관계자다. 기업이 ESG경영이라는 중요한 여정을 성공적으로 이끌어가기 위해서는 외부의 시선에 맞춘 홍보나 정보 전달만으로는 충분하지 않다. 진정한 변화는 기업 내부에서부터 시작되며 변화의 주역은 기업의 심장 같은 존재, 즉 직원들이기 때문이다.

직원들은 ESG경영의 실질적인 실행자로 회사의 정책과 방향에 따라 매일의 업무를 수행하며 ESG 목표 달성에 직접적인 영향을 미친다. 아무리 훌륭한 ESG전략이 수립됐다 해도 이를 이해하고 내재화해 자신의 업무에 적용하려는 직원의 자발적 노력이 없으면 효과는 미미할 수밖에 없다. 정교한 기계가 부품 하나하나의 유기적인 작동을 통해 제 기능을 발휘하듯 ESG경영 또한 직원의 공감과 참여를 통해 진정한 가치를 발휘하게 된다.

직원들은 기업 문화와 가치를 형성하고 내재화하는 데 중추적 역할을 한다. ESG경영은 일회성 캠페인이 아니라 기업의 DNA에 깊숙이 뿌리내려야 하는 장기적 과제다. 직원들과의 효과적인 ESG커뮤니케이션은 그들에게 ESG의 의미와 중요성을 명확히 전달하고 공감대를 넓혀 자연스럽게 기업문화 속에 ESG 가치를 스며들게 한다. 이는 곧 기업 전체의 지속가능한 성장을 위한 튼튼한 토대가 된다.

직원들은 회사의 가장 가까운 곳에서 기업의 이미지를 만들어가는 내부 홍보대사이자 외부 평판의 중요한 지표다. 직원들이 회사의 ESG 노력에 대해 자부심을 느끼고 긍정적 경험을 하면 그들의 목소리는 곧 회사의 신뢰도를 높이는 강력한 메시지가 돼 외부 이해관계자들에게 진정성 있게 전달될 수 있다. 내부 소통이 부족하거나 ESG활동에 대한 직원들의 공감대가 형성되지 못하면 아무리 화려한 외부 홍보도 효과를 발휘하기 어렵고 기업 평판에 부정적 영향을 미칠 수 있다.

ESG경영은 기존의 틀을 벗어난 혁신적 사고와 아이디어를 요구한다. 다양한 직무와 경험을 가진 직원들은 ESG와 관련된 새로운 관점을 제시하고 창의적 해결책을 모색하는 데 중요한 역할을 할 수 있다. 열린 채널을 통해 직원들의 다양한 아이디어를 경청하고 ESG경영 활동에 반영하는 것은 기업의 지속가능한 성장을 위한 핵심 동력이 된다.

많은 인재가 높은 연봉이나 복지뿐 아니라 자신이 속한 기업이 사회와 환경에 어떤 긍정적 영향을 미치는지도 깊이 고민한다. ESG경영에 대한 진솔하고 투명한 커뮤니케이션은 이러한 가치 있는 인재들을 끌어들이고 그들이 기업에 대한 소속감과 자긍심을 느끼며 오랫동안 함께 성장하도록 돕는다.

직원들은 업무 현장에서 발생할 수 있는 ESG 관련 잠재적 위험요소를 가장 먼저 감지하고 문제를 제기하는 역할도 한다. 개방적인 소통 환경은 직원들이 우려 사항을 솔직하게 이야기하고 기업은 이를 신속하게 파악해 선제적으로 대응하도록 한다. 이는 기업의 지속가능성을 높이고 예상치 못한 위기로부터 기업을 보호하는 데 필수적이다.

직원들은 ESG경영의 성공적 실현의 핵심 동력이자 기업의 내외부 평판을 형성하는 중요한 주체이며 혁신적 아이디어의 원천이 된다. ESG커뮤니케이션은 단순히 정보를 전달하는 것을 넘어 직원들의 마음을 움직이고 적극적인 참여를 이끌어내는 섬세하고 지속적인 노력이 필요하다.

공급망(Supply Chain)
ESG경영의 실질적 혜택과 공동 성장을 이해시킨다

공급망은 제품이나 서비스를 생산하고 최종 소비자에게 전달하는 데 관련된 원자재 공급업체, 제조업체, 유통업체, 소매업체 등을 포함한 모든 조직과 활동의 네트워크를 의미한다. 공급망 파트너 대상 맞춤형 ESG커뮤니케이션 전략의 핵심은 파트너의 사업 안정성과 지속가능성이 실질적으로 높이는 혜택을 강조하고 협력을 통해 공동 성장을 이루는 데 초점을 맞추는 것이다. 이는 기업의 요구사항을 전달하는 것을 넘어 파트너 스스로 ESG경영의 중요성을 인식하고 적극 참여하도록 동기를 부여하는 데 목표를 둔다.

공급망 파트너에게 ESG경영이 사업 안정성을 강화하는 데 어떻게 기여하는지 명확히 설명해야 한다. 예컨대, 환경규제 준수는 벌금이나 법적 제재의 위험을 줄여 사업 운영의 불확실성을 낮춘다. 안전하고 건강한 작업환경 조성은 작업 효율성을 높이고 산업재해 발생률을 감소시켜 생산 중단 위험을 줄이는 효과가 있다. 투명하고 윤리적인 경영은 기업의 신뢰도를 높여 장기적 사업관계 유지에 긍정적 영향을 미친다.

ESG경영이 파트너의 지속가능성을 어떻게 향상시키는지 보여주어야 한다. 자원 효율성을 높이는 노력, 폐기물 감소, 에너지 절약 등은 비용 절감으로 이어져 장기적인 경쟁력 확보에 도움이 된다. 친환경제품 생산이나 사회적 책임을 다하는 활동은 기업 이미지를 개선하고 친환경과 사회적 가치를 중시하는 소비자들의 요구에 부응해 새로운 시장 진출의 기회를 제공하기도 한다.

사업 안정성과 지속가능성 향상이라는 큰 틀에서 파트너에게 실질적 혜택을 구체적으로 제시하는 것이 중요하다. 예컨대, ESG경영 우수 기업에게는 인센티브를 제공하거나 공동 기술 개발 기회를 부여하거나 장기 계약을 보장하는 등의 혜택을 제시할 수 있다. ESG경영 도입에 어려움을 겪는 파트너에게는 교육프로그램이나 컨설팅 지원을 제공할 수 있다.

협력을 통한 공동 성장이라는 관점도 중요하다. 기업은 공급망 파트너를 단순한 하청업체가 아니라 함께 성장할 동반자로 인식하고 상호 존중과 신뢰를 바탕으로 협력해야 한다. ESG 목표 달성을 위해 공동으로 노력하고 성공사례를 공유하며 서로의 강점을 활용해 시너지를 창출하는 것이 중요하다.

이러한 메시지를 효과적으로 전달하려면 파트너의 특성과 상황에 맞는 커뮤니케이션전략을 활용해야 한다. 모든 파트너가 같은 ESG 역량을 가지고 있는 것은 아니므로 각 파트너의 이해도와 요구사항을 고려해 정보 제공 방식, 교육 내용, 지원 프로그램을 차별화해야 한다.

일방적 지시나 요구보다 파트너의 의견을 경청하고 반영하는 쌍방향 소통을 지향해야 한다. ESG 정책이나 기준을 수립할 때 파트너의 의견을 적극 수렴하고 파트너의 어려움이나 건의사항에 귀 기울여야 한다. ESG경영을 비용이나 규제 준수로 인식하는 파트너에게는 장기적 관점에서 ESG경영이 가져다주는 가치와 성장 기회를 강조해야 한다. ESG경영을 통해 기업과 파트너 모두 지속가능한 성장을 이루고 나아가 사회에 긍정적 영향을 미칠 수 있다는 비전을 제시해야 한다.

공급망 파트너 대상 맞춤형 ESG커뮤니케이션은 '어떻게 ESG경영이 실질적 혜택과 공동 성장을 가져오는가?'에 대한 이해와 공감을 높이는 데 초점을 맞추는 것이 중요하다.

#나이키
공급망의 지속가능성

나이키는 공급망 파트너에게 지속가능한 원료 사용을 요구하며 명확한 ESG 기준을 제시한다. 목표 달성을 위한 기술 지원과 훈련을 제공하고 지속가능한 공급망이 단순한 규제 준수나 사회적 책임을 넘어 비용 절감과 브랜드 이미지 향상에 기여해 비즈니스 성장을 견인하는 핵심 요소임을 강조한다. 소비자들이 지속가능한 브랜드에 충성도를 보인다는 데이터를 공유하며 ESG경영의 중요성을 설득력 있게 전달한다. 이러한 ESG커뮤니케이션을 통해 나이키는 공급망 파트너들이 ESG경영을 시장경쟁력 확보 기회로 인식하도록 전환시켰다. 나이키의 공급망 파트너들도 지속가능한 공급망 구축을 통해 비용을 절감하고 브랜드 이미지를 개선하는 동시에 더 큰 비즈니스 기회를 확보했다.

#유니레버
지속가능한 농업

유니레버는 지속가능한 농업을 채택해 공급망에 영향을 미친 대표적 기업이다. 유니레버는 토지 관리, 물 소비 절감, 생물다양성 보호 등을 목표로 하고 공급망 농업 파트너들에게 농업 생산성 향상과 자원 비용 절감이라는 경제적 이점을 함께 제시하며 지속가능한 농업 방식을 채택하도록 유도했다. 이를 통해 공급망 파트너들은 지속가능한 농업을 채택함으로써 수출시장에서 경쟁력을 높이고 소비자들로부터 긍정적 반응을 얻어 매출이 증가했다.

위 사례들은 공급망 파트너에게 단순히 규제를 준수하도록 하는 데 그치지 않고 실질적 혜택을 보여줌으로써 ESG경영이 비즈니스 기회를 제공할 수 있음을 설득했다.

NGO와 시민단체
사회적 책임 다하는 기업 의지 전달

NGO와 시민단체를 대상으로 하는 맞춤형 ESG커뮤니케이션 전략의 핵심은 기업의 진정성 있는 사회적·환경적 영향력 창출 의지와 투명한 정보 공개, 그리고 공동의 목표 달성을 위한 협력 가능성에 초점을 맞추는 것이다. 이러한 접근 방식은 NGO와 시민단체가 기업을 단순한 이윤 추구 집단이 아닌 사회 변화를 위한 잠재적 파트너로 인식하도록 이끄는 데 중요하다.

NGO와 시민단체는 기업의 재무적 성과보다 사회적·환경적 영향력의 진정성에 깊은 관심을 가진다. 이들은 기업이 환경보호, 인권 존중, 사회적 형평성 등 공익적 가치에 얼마나 진정성 있게 기여하고 있는지, 그 영향력이 실질적 변화로 이어지고 있는지 면밀히 살핀다. 기업은 진정성 있는 사회적·환경적 영향력 창출 의지를 명확하게 보여줘야 한다. 이는 구체적인 ESG활동과 그로 인한 긍정적 변화를 객관적 데이터와 사례를 통해 입증하는 것을 의미한다. 장기적 관점에서 지속가능한 경영을 추구하고 사회문제 해결에 기여하려는 노력을 진솔하게 전달해야 한다.

NGO와 시민단체는 기업의 투명성과 책임감을 매우 중요하게 생각한다. 기업의 ESG 정책 결정 과정, 정보 공개 수준, 약속 이행 여부 등을 꼼꼼히 확인하며 기업의 주장에 대한 객관적 증거를 요구하는 경향이 있다. 과장되거나 추상적 표현을 지양하고 ESG 정책, 활동 내역, 성과 지표 등을 숨김없이 공개하고 비판이나 문제 제기에 솔직하게 인정하고 개선하려는 태도를 보여야 한다.

기업의 ESG경영 목표와 NGO와 시민단체의 공통된 가치와 목표를 명확히 연결해 강조하는 것이 중요하다. 환경보호, 인권 존중, 사회적 형평성 등 공유하는 가치를 중심으로 소통함으로써 공감대를 형성하고 함께 더 나은 사회를 만들어 나갈 수 있다는 믿음을 심어주는 것이 중요하다. NGO와 시민단체와의 커뮤니케이션은 단기적 이익보다는 장기적 관점에서 사회 전체에 기여하는 가치를 강조하고 일방적 정보 전달보다는 NGO와 시민단체의 전문성과 네트워크를 인정하고 지속가능한 미래를 위한 협력 방안을 만들어나가자는 메시지를 전달하는 것이 효과적이다.

이러한 전략을 효과적으로 실행하기 위해서는 NGO와 시민단체의 특성과 관심사를 정확히 파악하고 각 단체가 추구하는 가치와 목표, 활동 분야 등을 고려해 관련성이 높은 정보를 제공하고 그들의 언어로 커뮤니케이션해야 한다.

지역사회
지역사회에 주는 혜택에 대해 전달한다

지역사회 대상 맞춤형 ESG커뮤니케이션은 다른 이해관계자와 달리 기업 ESG활동이 지역사회에 미치는 영향과 혜택을 중심으로 공동 번영을 추구하고 있음을 인식시키는 데 초점을 맞춰야 한다. '좋은 이웃'으로서 지역사회와 장기적인 파트너십을 구축하고 지역주민들의 삶의

질 향상에 실질적으로 기여하는 데 커뮤니케이션의 주안점을 두어야 한다.

기업은 지역사회 기여와 상생에 초점을 맞춰야 한다. 기업의 ESG활동이 지역경제를 활성화하고 일자리를 창출하며 지역사회 기반시설을 개선하는 등 지역사회에 어떤 긍정적 영향을 미치는지 구체적으로 보여줘야 한다. 수치 나열이 아니라 지역주민들의 삶에 어떤 변화를 가져왔는지 체감하도록 사례 중심으로 설명하는 것이 효과적이다.

지역사회 환경보호에 대한 기업의 노력을 투명하게 공개해야 하는 것이 중요하다. 기업의 환경보호 활동, 오염 방지 노력, 친환경적 운영 방식 등을 상세히 설명하고 지역주민들의 환경 관련 우려를 해소하는 데 주력해야 한다. 환경 관련 데이터를 공개하고 지역 환경보호를 위한 구체적인 계획과 실천 과정을 공유하는 것이 신뢰를 쌓는 데 도움이 된다.

기업은 지역사회 문제 해결에 동참하는 모습을 보여야 한다. 지역사회의 당면 과제를 파악하고 기업의 자원과 역량을 활용해 문제 해결에 적극 기여하는 모습을 보여줘야 한다. 사회적 약자 지원, 교육프로그램 후원, 지역문화행사 지원 등을 구체적으로 알리고 주민들의 참여를 유도하는 것도 좋은 방법이다.

정부와 규제기관(Governments/Regulators)
정책 목표와 관련 법규 준수에 방향을 맞춘다

정부와 규제기관 대상 맞춤형 ESG커뮤니케이션은 다른 이해관계자들과 확연히 다른 메시지를 요구한다. 이들은 기업의 개별적 이익이나 소비자의 가치 판단보다 국가 전체의 정책 목표와 규제 준수 여부, 광범위한 사회적·경제적 영향에 주목하기 때문이다. 기업은 이러한 특성을 명확히 인지하고 전략적 커뮤니케이션을 펼쳐야 한다.

정부와 규제기관 대상 ESG커뮤니케이션의 핵심은 자사의 ESG경영과 국가 정책 목표와의 연계성을 인식시키는 것이다. 기업은 자사의 ESG활동이 정부가 추진하는 환경정책, 노동정책, 경제성장 전략 등 국가적 차원의 목표 달성에 어떻게 기여하는지에 대해 커뮤니케이션해야 한다. 예컨대, 탄소배출 감축 목표 달성을 위한 실질적 성과, 친환경기술 개발 등 기술혁신 촉진, 지속가능한 경영모델 확산과 새로운 성장동력 창출, 이를 통한 일자리 창출 효과 등을 구체적 데이터를 기반으로 정부 정책 방향과 발맞춰 나가는 모습을 보여주는 커뮤니케이션 전략을 펼쳐야 한다.

기업은 현재 시행 중인 환경규제, 노동법규, 지배구조 관련 법규 등을 철저히 준수하고 있음을 인식시켜야 한다. 법규를 따르는 소극적 자세가 아니라 규제 변화에 대한 예측과 선제적 대응 등 지속가능한 경영 환경 조성에 적극 참여하려는 의지가 전달되도록 커뮤니케이션해야 한다.

IR 커뮤니케이션

ESG IR의 본질은 커뮤니케이션

ESG IR은 단순히 기업의 ESG 성과를 공개하는 것을 넘어 투자자와 애널리스트 등 자본시장의 이해관계자들에게 ESG경영을 효과적으로 전달하고 신뢰를 얻는 커뮤니케이션 전략이다. 이는 전통적 IR 커뮤니케이션에 ESG 요소를 통합해 비재무적 요소들이 기업의 장기적인 가치 창출과 리스크 관리에 미치는 영향을 투자자들에게 효과적으로 설명하는 것이다. 최근 한 기업의 ESG 담당자는 "ESG평가에서 높은 점수를 받았지만, ESG IR을 어떻게 해야 할지 모르겠다"고 고민을 털어놓았다. 이는 많은 기업이 직면한 문제다.

ESG평가 점수는 IR을 위한 하나의 좋은 정보가 될 수 있지만, 그것만으로는 기업이 자본시장의 이해관계자들로부터 원하는 성과를 얻기 어렵다. 투자자들은 ESG활동이 궁극적으로 기업의 수익성, 성장성, 안정성 등 재무적 성과에 어떠한 영향을 미치는지에 주목한다. 그러나 ESG평가 점수가 기업의 ESG경영에 대한 수익성, 성장성, 안정성 등을 명확히 보여주지는 못한다.

ESG IR의 핵심은 바로 자본시장의 이해관계자들에게 기업의 ESG경영이 수익성, 성장성, 안정성에 미치는 영향을 명확히 인식시키는 것이다. 이는 ESG IR이 기업의 ESG경영 가치를 정확히 전달하고 투자자와의 신뢰를 쌓아가는 전략적 커뮤니케이션이어야 함을 의미한다. 기후변화, 노동환경, 투명한 거버넌스 등의 요소가 기업의 미래를 좌우한다는 인식이 확산되면서 지속성장 가능성에 대한 질문이 투자 결정을 좌우하게 됐다. 환경 측면에서 탄소배출량 감축 노력은 비용 절감과 규제 리스크 감소, 친환경 시장 진입 기회로 이어져 재무적 성과에 영향을 줄 수 있다. 사회 측면에서 근로환경 개선과 지역사회와의 관계 증진 등은 생산성 향상, 기업 이미지 제고 평판 리스크 감소를 통해 재무적 성과에 기여한다. 거버넌스 측면에서 투명하고 독립적인 이사회 운영과 주주 친화 정책 등은 기업의 의사 결정 효율성을 높이고 경영 리스크를 줄여 장기적인 기업 가치에 긍정적 영향을 미친다.

더 이상 투자자들은 재무제표만으로 투자를 결정할 수 없는 투자 환경이 됐다. 자본시장은 이제 기업의 수익성, 성장성, 안정성에 중대한 영향을 미치는 비재무적 ESG 요소를 고려하지 않을 수 없게 됐다. 자본시장의 이해관계자들이 ESG IR을 통해 얻고 싶은 것은 '그 기업의 ESG경영 활동이 기업의 지속가능성과 성장에 어떠한 영향을 미치는지'에 대한 정확한 정보다. 따라서 ESG IR의 본질은 커뮤니케이션이다. 이는 기업이 자사의 ESG경영 가치를 자본시장의 이해관계자들이 받아들이도록 얼마나 효과적이고 신뢰성 있게 전달하느냐에 따라 성패가 달려 있기 때문이다.

기업들은 ESG 평가에 많은 노력을 기울이는 반면 ESG IR에서 커뮤니케이션의 중요성에 대해서는 소홀히 하는 경향이 있다. ESG 성과를 투자자에게 명확하고 신뢰 있게 전달하지 않으면 아무리 높은 평가 점수를 받았더라도 투자 유치에 어려움을 겪을 수 있다. 그러므로 커뮤니케이션은 ESG IR의 핵심으로 자리매김해야 한다.

성공적인 ESG IR은 전략적 커뮤니케이션을 통해 이루어진다. 기업은 왜 ESG경영을 하는지, ESG리스크에 어떻게 대응하고 있는지, "ESG경영을 통해 어떤 긍정적 변화를 만들어가고 있는지, 이 ESG경영이 어떤 미래 성장 가치를 가지고 있는지를 명확히 전달하고 신뢰를 구축해야 한다. 자본시장의 이해관계자들이 기업의 ESG경영 가치를 정확하게 평가하고 투자 결정을 내리도록 전략적 커뮤니케이션이 이루어져야 한다.

ESG IR 이해관계자들은 어떤 정보에 주목하는가?

ESG IR 이해관계자들은 ESG IR에서 주목하는 핵심 정보들은 기업의 지속가능한 성장과 직결되는 중요한 내용들이다. 단순히 ESG평가 점수가 높다는 사실만으로는 투자자들의 궁금증을 해소할 수 없다. 그들은 ESG경영이 기업의 수익성, 성장성, 안정성에 실제로 어떤 긍정적 영향을 미치는지 구체적으로 알고 싶어 한다. 즉, 기업의 ESG경영 활동이 실질적으로 기업의 가치에 어떤 영향을 미치는지 구체적으로 알고 싶어 한다. 단순히 ESG활동을 나열하는 것만으로는 부족하며 이러한 활동이 어떻게 재무적 가치로 연결되는지에 대한 명확한 설명과 데이터 제시를 요구한다.

ESG경영의 수익성에 주목한다

이는 기업의 환경보호 노력, 사회적 책임 활동, 투명한 지배구조 확립 등이 단기적 비용 증가로 이어질 수 있지만 장기적으로는 비용 절감, 생산성 향상, 브랜드 이미지 제고 등을 통해 수익성을 개선할 수 있다는 점을 이해하고자 한다. 예컨대, 에너지효율을 높이는 투자는 초기 비용이 발생하지만 장기적으로 에너지 비용을 절감해 수익성을 향상시키는 결과를 가져올 수 있다. 윤리적 경영과 사회적 책임 활동은 기업의 평판을 높여 소비자들의 신뢰를 얻고 이는 매출 증가로 이어질 수 있다.

ESG경영의 성장성을 중요하게 생각한다

미래 시장은 친환경, 사회적 가치 창출 등 ESG 요소를 중심으로 재편될 가능성이 높다. 따라서 기업이 ESG경영을 통해 새로운 성장 동력을 확보하고 미래 시장을 선점할 수 있을지에 대한 정보는 투자 결정에 중요한 영향을 미친다. 예컨대, 친환경기술 개발이나 사회적 문제 해결에 기여하는 제품과 서비스 개발은 시장을 창출하고 기업의 성장 잠재력을 높일 수 있다.

ESG 리스크에 관한 정보에 주목한다

이는 ESG경영의 안정성에 관한 것으로 투자자들이 간과할 수 없는 핵심 정보다. 투자자들은 기업이 ESG리스크에 어떻게 대응하는지 구체적으로 알고 싶어 한다. 기후변화, 환경규제 강화, 사회적 불평등 심화 등은 경영에 다양한 리스크로 작용할 수 있다. 따라서 기업이 다양한 ESG리스크 중에서 어떤 것을 중요하게 생각하고 경영 전략에 반영하고 있는지 궁금해 한다. 기업의 사업 특성과 산업지속가능성 측면에서 중요한 ESG 이슈들을 제대로 파악하고 대응하고 있는지 확인하고자 한다. ESG경영을 통해 이러한 리스크에 어떻게 대비하고 관리하는지는 기업의 장기적인 안정성을 판단하는 중요한 기준이 된다. 단순히 리스크를 인지하고 있다는 수준을 넘어 어떤 전략과 실행 계획을 가지고 리스크를 관리하고 있는지, 효과는 어떻게 측정하는지 정보를 요구한다.

ESG경영과 기업 전략의 통합에 대한 정보를 필요로 한다

이는 기업이 ESG경영을 얼마나 진정성 있게 추진하고 있는지 부여주는 중요한 정보다. 단순히 외부 평가 기관의 점수를 높이기 위한 활동이 아니라 기업의 핵심 가치와 사업 전략에 ESG 요소가 어떻게 통합돼 있는지 알고자 한다. 기업의 미션과 비전에 ESG 관련 내용이 포함돼 있는지, ESG 목표 달성을 위한 구체적 실행 계획과 성과 측정 지표를 가지고 있는지 등 ESG경영이 기업의 핵심 사업 전략과 어떻게 통합돼 추진되고 있는지에 대한 명확한 설명을 요구한다. ESG가 단순히 별도 부서에서 담당하는 부가적인 활동이 아니라 기업 전체의 목표 달성을 위한 중요한 축으로 기능하는지 확인하고자 한다.

ESG 목표의 구체성과 달성 가능성에 주목한다

기업이 제시하는 ESG 목표가 추상적이거나 모호하지 않고 구체적이고 측정 가능하며 달성 가능한 목표인지 확인하고자 한다. 목표 달성을 위한 구체적 실행 계획과 진척 상황에 대한 정보도 요구한다. 기업의 ESG 활동이 실제로 어떤 성과를 거두고 있는지, 성과를 어떻게 측정하는지에 대한 객관적인 정보를 원한다.

동종 업계와의 비교 순위도 알고 싶어 한다. 기업의 ESG 성과가 동종 업계의 다른 기업들과 비교했을 때 어떤 수준인지 궁금해 한다. 객관적 기준을 바탕으로 자사의 ESG 경쟁력을 입증해야 한다.

그린워싱에 주목한다

기업이 ESG 경영을 표방하지만 실제로는 환경보호나 사회적 책임에 대한 진정성 있는 노력이 부족하거나 과장된 홍보만 하는 것은 아닌지 의심한다. 따라서 ESG 활동의 실질적인 내용과 성과에 대한 객관적 증거를 요구한다.

미래지향적 ESG 정보와 지속가능성이다

　현재의 ESG경영 활동이 미래의 기업 가치 성장에 어떻게 기여할 수 있을지에 대한 전망을 알고 싶어 한다. 기업의 ESG경영 노력이 유행이나 외부 압력에 의한 것이 아니라 장기적 관점에서 기업 문화와 경영 시스템에 내재화돼 지속적으로 추진될 의지가 있는지도 주목한다. ESG경영을 어떻게 발전시켜 나갈지 계획인지, 장기적 목표와 비전, 구체적 실행 계획이 무엇인지에 대한 정보를 요구한다. ESG경영을 통해 확보할 수 있는 미래 시장 경쟁력, 혁신 기술 개발 가능성, 우수한 인재 확보 가능성 등을 기업의 지속가능한 성장 잠재력을 파악할 수 있는 정보에 주목한다.

　기업은 ESG IR 이해관계자들의 주목하는 정보를 바탕으로 자사의 ESG경영이 수익성, 성장성, 안정성을 강화하고 미래 성장동력을 확보하는 것임을 효과적으로 커뮤니케이션해야 한다.

ESG IR 커뮤니케이션, 어떻게 할까?

　성공적 ESG IR 커뮤니케이션을 위해서는 다음과 같은 부분들을 고려해야 한다.

이해관계자가 주목하는 ESG 이슈에 집중한 메시지를 전달한다

　단순히 ESG의 모든 측면을 다루는 것이 아니라 기업의 사업모델,

산업 특성, 투자자들의 주요 관심사에 기반한 '중요성평가(Materiality Assessment)'를 통해 식별된 핵심 ESG 이슈를 중심으로 커뮤니케이션 전략을 수립하고 투자자들에게 가장 관련성 높은 정보를 명확하고 간결하게 전달한다. 예컨대, 제조업의 경우 탄소배출량 감축 노력, 공급망 관리, 안전, 보건 등이 중요할 수 있으며 금융업의 경우 ESG투자 전략, 금융상품의 사회적 영향 등이 핵심 이슈가 될 수 있다. 이러한 핵심 이슈를 중심으로 구체적 목표, 실행 계획, 성과를 명확하게 제시한다.

모든 ESG경영 활동은 재무적 가치의 연관성을 명확히 제시한다

ESG경영 활동이 어떻게 기업의 수익성(비용 절감, 생산성 향상, 브랜드 이미지 제고 등), 성장성(신규 시장 진출, 혁신 기술 개발, 우수 인재 유치 등), 안정성(리스크 관리, 규제 준수, 평판 관리 등)에 기여하는지 구체적 사례와 데이터를 활용해 설명한다. 에너지 효율 개선 투자를 통해 장기적으로 비용을 절감한 사례, 친환경제품 개발을 통해 시장을 창출하고 매출을 증대한 사례, 투명한 지배구조 확립을 통해 경영 리스크를 감소시킨 사례 등을 구체적 수치와 함께 제시하는 것이 효과적이다.

"당사는 2025년까지 온실가스를 30% 감축할 계획이며 이를 통해 연간 50억 원의 에너지 비용을 절감할 것입니다. 이는 지난 3년간 15% 감축했던 실적을 기반으로 한 목표입니다"같이 ESG가 재무적 가치 창출과 연결될 때 투자자들은 관심을 가진다.

미래지향적 ESG 목표와 비전을 제시한다

단기적 성과 발표와 함께 중장기적 ESG 목표와 이에 대한 구체적 전략과 실행 계획을 제시해야 한다. ESG경영이 어떤 지속가능한 가치를 창출할 것인지 구체적 비전을 강조한다.

'2030년까지 탄소배출량 50% 감축 목표, 2040년까지 100% 재생에너지 사용 목표' 등 구체적 목표를 제시하고 이를 위한 투자 계획, 기술개발 로드맵 등을 함께 설명한다.

단기적 ESG 성과(올해 탄소감축량, ESG투자 규모 등)뿐 아니라 장기적 ESG 비전과 구체적 계획을 제시하는 것이 효과적이다.

"당사는 2030년까지 Scope 1·2 탄소중립을 달성하고 이를 위해 생산 공정을 재생에너지로 전환할 예정입니다"라는 장기 목표와 실행 계획을 제시하는 것이 효과적이다. 지속적으로 개선할 ESG 로드맵(2025년, 2030년, 2050년 목표 등) 제공하고 투자자들이 지속가능성을 신뢰하도록 전략적 방향성을 강조한다.

'착한 기업'이 아니라 '지속가능한 성장'에 초점을 맞춘다

'착한 기업 활동'이 아니라 ESG가 기업의 지속가능한 성장과 수익성에 어떻게 기여하는지를 보여주어야 한다. "우리는 토양을 보호하는 농업 활동을 지원하고 있습니다" 같은 메시지는 소비자에게 기업 이미지를 높일 수 있지만 ESG IR에서는 ESG가 비용 절감, 새로운 시장 확보, 투자유치 가능성 등과 연결되지 않으면 의미없는 정보가 된다.

"우리는 토양을 보호하는 농업 활동에 투자해 지속적으로 생산 가능한 원료를 확보하고 있습니다. 장기적 관점에서 원료 공급의 불확실성을 줄이고 공급망의 안정성을 높일 수 있습니다"같이 ESG가 지속가능한 변화와 연결되도록 커뮤니케이션해야 한다.

ESG가 경쟁력 확보와 미래성장동력의 핵심 전략임을 강조한다

기업의 ESG경영이 어떻게 사업 경쟁력을 높이고 미래 성장 동력이 될 수 있는지 보여준다. "미래 시장의 핵심 트렌드인 친환경소비에 발맞춰 2023년 '에코-프렌들리' 제품 라인을 론칭했습니다. 1년 만에 이 라인은 전체 매출의 10%를 차지하는 성장동력으로 자리매김했으며 전년 대비 25%의 매출 성장률을 기록했습니다. 이는 ESG경영이 미래 시장을 선점하고 성장 기회를 창출하는 데 얼마나 중요한 전략인지 보여주는 명확한 증거입니다."

ESG리스크 관리에 대한 구체적 메시지를 전달한다

비즈니스 관점, 데이터 기반, 투자수익성 연결, 성공사례 활용, 다양한 채널 활용에 대한 강조를 통한 ESG리스크에 대한 메시지 전략이 효과적이다. ESG리스크 대응 또한 기업 가치와 연결로 이어진다는 것을 강조한다.

"당사는 탄소배출량을 감축해 RE100(재생에너지 100% 사용) 목표를 달성하고 있으며 이는 글로벌 투자자들이 선호하는 기업 기준과 부합

합니다. 이에 따라 당사의 MSCI ESG 등급이 BBB에서 A로 상승했고 해외 연기금의 투자 유치가 증가했습니다"같이 ESG리스크 대응이 기업 가치와 연결로 이어졌음을 강조하는 것이 효과적이다.

투자자들이 쉽게 이해하도록 과거 ESG리스크가 발생했을 때 기업이 어떻게 대응했으며 어떤 성과를 냈는지 자사의 ESG리스크 관리 역량을 경쟁사 또는 글로벌 사례와 비교해 전달하면 신뢰도를 높일 수 있다.

"3년 전 글로벌 경쟁사 A는 공급망 내 아동노동 문제로 30% 이상의 주가 하락을 겪었습니다. 당사는 공급망 ESG리스크를 선제적으로 관리해 유사한 문제가 발생하지 않도록 철저한 감사 프로세스를 운영하고 있습니다. 지난 2년간 공급망 감사 점검률을 50%에서 90%로 확대하며 신뢰를 구축하고 있습니다."

더불어 ESG리스크 정보를 쉽게 접하도록 소통하고 있음을 보여주는 것이 중요하다.

"당사는 ESG 전용 웹사이트를 운영해 탄소배출량 감축 목표, 공급망 리스크 관리 정책, ESG 성과 데이터를 실시간으로 업데이트하고 있습니다. 이를 통해 투자자들이 언제든지 신뢰할 수 있는 ESG 정보를 확인할 수 있습니다."

ESG 평가점수 낮으면 이유와 개선 의지 담은 메시지 중요

ESG 점수가 낮으면 솔직히 인정하고 미흡한 부분에 대한 명확한 이유를 전달하는 것이 중요하다. 구체적 개선 계획을 담은 메시지를 통해 진정한 개선 의지가 전달되도록 해야 한다. ESG 점수가 높은 기업도 이해관계자들이 구체적 ESG 실행 계획이 부족하다고 느끼면 신뢰를 잃을 수 있다. ESG IR은 점수도 중요하지만 이해관계자들과의 신뢰를 구축하도록 진정성과 지속적인 성장 의지가 전달될 수 있는 커뮤니케이션이 더욱 중요하다.

'완벽한 기업'보다 '개선하는 기업' 메시지가 신뢰를 준다

"우리는 ESG경영을 통해 친환경적 공급망을 구축했으며 지속가능한 성장을 실현하고 있습니다" 같은 "모든 것이 완벽하다"는 식의 표현보다 "우리 기업은 2030년까지 탄소중립 목표를 달성하기 위해 노력하고 있습니다. 하지만 아직 100% 재생에너지 전환이 쉽지 않은 상황이며 비용 부담이 큰 것이 현실입니다. 우선 에너지효율을 높이는 기술을 도입하고 점진적으로 재생에너지 비율을 확대하는 전략을 추진하고 있습니다. 2025년까지 50%, 2030년까지 100% 전환하는 단계적 목표를 설정하고 실행 중입니다"같이 현실적인 고민을 공유하면서도 명확한 로드맵을 제시하는 것이 필요하다.

숫자-과정-계획 연결한 메시지가 효과적

이해관계자들은 나열된 숫자들이 기업이 ESG를 어떤 방식으로 실천하고 있는지, 기업의 미래 가치와 어떻게 연결되는지를 알고 싶어 한다.

"우리 공장은 올해부터 태양광에너지를 사용했고 덕분에 연간 12.5%의 탄소배출을 줄일 수 있었습니다. 공장 3곳을 추가로 재생에너지로 전환하면 2030년까지 40% 감축 목표를 달성할 수 있습니다"같이 숫자, 과정, 미래 계획을 연결하면 신뢰하게 된다.

객관적 데이터와 측정 기준 명확하게 제시

ESG 목표에 대한 구체적인 달성 현황을 핵심 지표(KPI) 중심으로 명확하게 제시하고 성과에 대한 객관적 평가를 제시한다. ESG경영 성과 자료에 사용된 데이터의 출처, 산출 방식, 적용된 가정 등을 투명하게 밝히고 이해관계자들이 정보를 쉽게 이해하도록 시각화 자료를 적극 활용해야 한다.

CEO, 경영진 통한 메시지 전달이 효과적

CEO 또는 경영진이 ESG경영에 대한 확고한 의지와 참여를 직접적으로 보여주는 것이 효과적이다. CEO가 직접 ESG경영의 중요성을 강조하고 실제 사업 운영에 ESG가 어떻게 적용되고 있는지 구체적 사례를 들어 설명할 수 있다. ESG위원회의 활동 내역이나 ESG 목표 달성을 위한 경영진의 노력을 상세히 소개할 수 있다.

투자자와의 적극적 소통과 피드백 반영이 중요

ESG IR 행사 중 Q&A 세션을 활용해 투자자들의 ESG 관련 질문과 우려 사항에 답변시간을 충분히 할애하고 경영진이 성실하게 답변해야 한다. 행사 전후로 투자자들의 의견을 수렴할 채널(사전 질문 접수, 행사 후 설문조사)을 운영하고 수렴된 피드백이 ESG경영 전략과 IR 커뮤니케이션 활동에 어떻게 반영될 예정인지 명확히 설명해야 한다.

#이케아(IKEA)
'ESG 가치+사업 모델 연계' 커뮤니케이션

이케아는 대규모 글로벌 공급망 탄소배출량 감축, 지속가능한 소재 사용 확대 등 ESG 전환 가속화가 절실했다. 투자자들에게 '사람과 지구에게 긍정적 영향을(People & Planet Positive)' 전략을 기반으로 ESG 가치와 사업모델를 연계한 커뮤니케이션을 실행했다.

'가성비 ESG제품'같이 소비자들이 체감할 수 있는 사례로 브랜드 충성도를 높이고 ESG경영이 단순히 사회적 책임 활동이 아닌 기업의 핵심 사업 경쟁력 강화로 이어질 수 있음을 제시함으로써 투자자에게 기업 가치를 소구했다. 제품 디자인, 원자재 조달, 생산, 물류, 판매, 재활용 등 가치사슬 전반에서 ESG경영을 실천하는 총체적 ESG 접근 또한 지속가능성과 합리적 가격을 만족시키는 가성비 ESG제품 개발 및 확대, ESG 가치가 사업 경쟁력 강화로 이어지는 선순환을 강조했다.

파타고니아(Patagonia)
'진정성+행동주의' 커뮤니케이션

　'지속가능한 지구'를 최우선 가치로 둔 아웃도어의류·용품기업 파타고니아는 '행동주의 ESG'란 기업 아이덴티티를 강화하고 투자자 공감대 형성이 필요했다. ESG경영 철학과 실천이 일치하는 '행동주의' 실천과 스토리텔링으로 투자자들에게 기업의 지속가능성에 대한 확신을 심어주었다. '돈보다 가치'를 우선하는 '과소비 문화 비판', '제품 오래 쓰기'를 장려하는 'Don't Buy This Jacket' 캠페인, '지구세(Earth Tax) 도입', '블랙프라이데이 광고 중단', '기업 소유권 기증' 등 ESG 가치를 실현하는 '행동주의' 실천은 투자자들에게 진정성을 각인시켰다. 창업 스토리, ESG철학, 환경운동 스토리를 다큐멘터리, 책, 소셜미디어 등 다양한 콘텐츠로 제작해 투자자 공감대를 확보함으로써 ESG투자 유치와 기업 가치를 상승시켰다.

　파타고니아는 "수익보다 가치"라는 ESG철학을 일관된 행동과 도발적인 커뮤니케이션으로 풀어내 차별화되고 확고한 ESG 브랜딩을 구축하고 함으로써 투자가치를 높였다.

　이는 '진정성'을 부여주는 것이 중요하며 ESG철학을 명확히 하고 이를 실제 경영활동과 커뮤니케이션에 일관성 있게 반영하는 것이 투자자들에게 신뢰를 높이는 강력한 ESG 브랜딩으로 이어진다는 것을 시사한다.

#마이크로소프트
'미래성장동력+데이터 기반' 커뮤니케이션

마이크로소프트는 글로벌 IT기업으로서 '탄소중립'과 '디지털 접근성 격차 해소' 등 ESG경영을 선도하는 기업으로 전환이 요구됐다. '기술 기반 ESG 리더' 이미지를 확고히 하는 데 커뮤니케이션 전략을 추진했다.

'탄소거티브' 선언과 '선을 위한 AI(AI for Good)' 계획을 통해 '혁신적 기술력'과 'ESG리더십'을 결합해 AI, 클라우드 등 첨단 기술을 활용해 환경 문제 해결, 접근성 향상, 인도주의적 지원 등 사회문제 해결에 기여하는 미래지향적 '기술 기반 ESG기업' 이미지를 구축했다. ESG경영이 '비용'이 아닌 '미래 성장 기회'임을 입증하기 위해 ESG비즈니스 성과 사례들을 데이터를 기반으로 제시했다.

마이크로소프트는 '기술혁신' 과 'ESG리더십'을 결합해 성장동력을 제시하고 ESG 성과 데이터를 투명하게 공개하며 투자자 설득력을 높였다. ESG경영을 통해 사업 기회를 창출하고 성장을 견인할 수 있음을 보여주는 것이 중요하며 객관적 데이터를 통해 ESG 정보의 신뢰성을 확보하는 것이 투자자들의 투자를 이끌어내는 중요한 요소임을 말해준다.

#이베르드롤라(Iberdrola)
'ESG 기반 장기 투자 매력 + CEO 책임경영' 커뮤니케이션

스페인에 본사를 둔 에너지기업 이베르드롤라는 재생에너지 분야의 선두주자다. 전력 생산, 송배전, 에너지 소매 사업을 중심으로 전 세계적으로 사업을 확장하고 있으며 2024년 말 전년 대비 순익 50% 증가와 시가총액이 역대 최고에 달했다. ESG경영을 선도하며 지속가능한 에너지 전환을 주도하며 에너지시장에서도 성장 잠재력이 매우 높게 평가되는 기업이다.

베르드롤라는 '화석연료 의존도 감소'와 '친환경에너지 전환'이라는 글로벌 에너지산업 도전을 선제적으로 대응하고 기회를 확보해야 하는 ESG 도전에 직면해 '재생에너지 리더십'을 세워야 했다.

투자자에 대한 커뮤니케이션 전략으로 친환경에너지 전환에 대한 스토리텔링과 'ESG 기반 장기 투자 매력'에 초점을 두었다. '화석연료 사업 축소'와 '재생에너지사업 확대'라는 '재생에너지 혁명(Renewables Revolution)'이라는 스토리를 전면에 내세워 '친환경에너지 선도 기업' 이미지를 구축했다. '재생에너지사업의 높은 성장 잠재력', '안정적 수익구조', '정부정책 지원' 등 ESG경영이 '장기적으로 안정적인 수익'을 창출하는 '매력적인 투자 기회'임을 강조했다.

CEO 보상 기준에 '탄소배출량 감축 목표 달성률' 등 ESG 성과 지표 반영해 ESG 책임경영 체제를 강화해 투자자 신뢰도를 높였다. 글로벌 투자자 네트워크 강화를 위해 컨퍼런스콜, 웹캐스트, IR로드쇼 등 다양한 채널을 통해 ESG 전환 스토리와 투자 매력을 적극 홍보했다.

그 결과 '친환경에너지 전환 선도 기업'으로 글로벌시장에서 확고한 리더십을 확보했다. '친환경에너지 전환'을 통해 '기후변화 대응'뿐 아니라 새로운 성장동력을 확보하는 'ESG 기반 지속가능한 성장'에 대한 가치를 성공적으로 커뮤니케이션함으로써 ESG투자펀드 등 기관투자자 자금 유입을 확대하고 주가 상승과 기업 가치를 견인했다.

이베르드롤라는 '친환경에너지 전환'이라는 거대한 트렌드를 '기회'로 활용해 ESG 기반 장기 투자를 설득한 사례다. '재생에너지혁명'이라는 강력한 메시지와 CEO 보상 체계 연계를 통해 ESG경영에 대한 진정성을 높이고 ESG경영은 장기 수익 창출이라는 투자 논리를 설득력 있게 제시해 투자자들의 장기투자를 유도했다. 이는 ESG경영이 장기적으로 안정적 수익을 창출하는 매력적인 투자 기회임을 강조하는 것이 중요하며 최고경영진의 책임경영과 ESG 성과 연동을 통해 투자자들에게 ESG경영에 대한 진정성과 지속가능성에 대한 확신을 심어줄 수 있음을 보여준다.

글로벌 기업들의 ESG IR 성공사례들을 살펴보면 공통적으로 진정성, 투명성, 스토리텔링, 데이터 기반 설득, 최고경영진의 리더십, 다양한 커뮤니케이션 채널 활용, ESG 가치와 사업모델 연계 같은 커뮤니케이션 전략을 적극 활용하고 있음을 알 수 있다.

ESG IR은 ESG 정보를 전달하는 것을 넘어 진심을 담아 투자자들과 소통하고 신뢰를 구축하며 ESG경영을 통해 창출하는 장기적 가치를 설득력 있게 제시하는 고도의 커뮤니케이션 활동이다.

내부 커뮤니케이션

CEO만 바쁘면 안 된다

몇 년 전 한 중소기업을 방문했을 때의 일이다. 한때 세계시장 점유율 60%를 자랑하며 업계를 선도했던 이 회사는 저렴한 중국산 제품의 등장으로 점유율이 급락하며 위기에 직면해 있었다. 사장은 매일같이 "위기다!" 강조했지만 직원들은 위기를 전혀 실감하지 못했다. 직원들에게 물었다.

"회사가 어렵다고 하는데 여러분은 어떻게 생각하나요?"

돌아온 대답은 놀라웠다.

"매일 야근할 정도로 바쁜데요. 무슨 위기라는 거죠?"

사장은 위기를 외치는데 왜 직원들은 느끼지 못했을까? 혁신을 시도하는 많은 조직에서 이런 현상을 볼 수 있다. 이 사례는 내부 커뮤니케이션의 핵심을 보여준다. 사장은 변화를 촉구했지만 메시지는 직원들에게 전달되지 않았다. '말하는 것'과 '전달되는 것'은 완전히 다른 문제다. CEO가 목소리를 높여도 직원들이 그 메시지를 받아들이지 않으면 조직은 움직이지 않고 직원들의 자발적 동참을 기대하기 어렵다. CEO는 메시지가 전달됐다고 생각했지만 직원들은 전혀 체감하지 못하는 상황. 내부 커뮤니케이션의 실패다. 직원들의 마음과 귀를 어떻게 열 것인가에 대한 고민 없는 말은 한쪽 귀로 흘려버리는 잔소리가 되기 쉽다.

ESG경영의 성공은 CEO와 임직원의 협력에 달렸다. ESG경영이 성공적으로 뿌리내리고 지속가능한 성장을 이루기 위해서는 기업 전체가 변화의 필요성을 공감하고 하나의 팀처럼 일사불란하게 움직여야 한다. 선장의 역할은 매우 중요하지만 항해 중 마주하는 어려움을 이겨내고 목적지에 도달하기 위해서는 모든 선원이 자신의 위치에서 책임을 다해야 한다. CEO는 ESG경영의 비전과 방향을 제시하는 선장과 같지만 그 비전과 방향이 조직 전체에 공유되지 않으면 ESG경영은 제대로 추진될 수 없다.

ESG 내부 커뮤니케이션은 ESG경영의 비전과 목표에 대한 조직 전체의 공감대 형성을 목표로 하며 직원들의 자발적 참여를 유도하는 전략이다. 기업이 추구하는 비전과 방향을 직원들이 이해하고 행동으로 옮기도록 그들의 언어로 전환하는 것을 의미한다. ESG경영이 기업의 지속가능한 성장을 위한 필수 전략이라면 기업은 ESG경영 선언과 동시에 ESG경영의 목표와 가치를 어떻게 전사적으로 공유할 것인가, 직원들의 몰입을 높일 것인가 하는 커뮤니케이션 방법을 고민해야 한다.

왜 ESG 내부 커뮤니케이션은 간과될까?

ESG경영에서 내부 커뮤니케이션이 핵심 요소임에도 기업들이 간과되는 다양한 이유가 존재한다.

우선, 기업들이 ESG커뮤니케이션의 핵심 대상을 외부 이해관계자로 인식하며 투자 유치, 이미지 개선, 규제 대응에만 몰두하는 경향이 있다. 이러한 외부 지향적 관점은 내부 구성원의 공감대 형성과 참여를 간과하는 결과를 낳는다.

둘째, ESG경영은 최고경영진의 주도로 시작되는 경우가 많다. 이때 많은 경우 경영진은 직원들에게 충분히 중요성을 전달했다고 착각하거나 지시를 내리는 것만으로 충분하다고 생각한다.

셋째, 일부 기업은 내부 커뮤니케이션의 힘을 과소평가한다. 내부 커뮤니케이션을 형식적 절차나 부수적인 활동으로 여기고 그로 인한 부정적 결과들과 긍정적인 잠재력을 간과하는 경향이 있다.

넷째, 내부 커뮤니케이션 비용의 문제다. 작은 회사들은 이 부분에서 어려움을 느낄 수 있다. 변화의 필요성을 이해시키고 직원들의 동의와 협력을 얻지 못하면 변화에 대한 저항이 커지고 불필요한 손실을 낳아 더 큰 비용이 발생할 수 있다.

다섯째, 내부 커뮤니케이션에 대한 경영진의 이해 부족이다. 경영진은 내부 소통을 정보 전달 횟수로 여기는 경향이 있다. 내부 커뮤니케이션은 직원들의 이해와 공감을 이끌어내도록 맞춰야 한다.

마지막으로, 내부 커뮤니케이션이 단기적 성과가 아니라는 점이다. 내부 커뮤니케이션의 효과가 직원들의 사기 증진, 조직문화 개선, 협업 증대 등 장기적 관점에서 서서히 드러나기 때문이다. 경영진은 내부 커뮤니케이션의 중요성을 단기 성과 측정의 어려움 때문에 과소평가하는 경향이 있으며 장기적 안목으로 꾸준한 투자와 노력을 기울여야 한다.

ESG경영의 실질적 성과는 내부 커뮤니케이션이라는 핵심 연결고리를 제대로 활용할 때 나타난다. 이 연결고리를 놓치는 기업은 ESG가 가진 진정한 가치를 끌어내지 못하고 지속가능한 성장을 이루는 데 어려움을 겪게 된다.

내부커뮤니케이션의 핵심 목적은?

ESG 내부 커뮤니케이션의 핵심 목표는 ESG를 기업문화의 근본적인 DNA로 깊숙이 내재화하는 데 있다. 모든 직원이 ESG를 추상적 개념이 아니라 자신의 업무와 연결된 중요한 가치 기준으로 인식하고 실천하도록 만드는 것을 의미한다.

첫째, 직원들이 ESG의 중요성을 공감하고 자발적 참여를 통해 '우리'의 ESG를 만들어나가도록 주체성을 부여하는 것이다.

둘째, 다양한 경험과 참여 기회를 제공해 ESG를 머리로 이해하는 것을 넘어 체득하고 행동 변화를 이끌어내는 것이다.

셋째, ESG활동을 통해 직원 개개인이 가치를 느끼고 긍정적 변화를 만들어내는 과정에서 보람을 느끼도록 동기를 부여하는 것이다.

궁극적으로 ESG가 기업 운영의 모든 측면에 자연스럽게 녹아들어 지속가능한 성장을 위한 강력한 내부 동력이 되도록 하는 것이 핵심 목표다.

ESG 내부 커뮤니케이션을 성공으로 이끄는 11가지 전략

직원들이 ESG를 '우리 모두가 함께 만들어가는 가치이며 내가 해야 하는 역할'이라고 느끼도록 만들려면 어떻게 커뮤니케이션해야 할까? 여기 ESG 내부 커뮤니케이션을 성공으로 이끄는 7가지 핵심 전략을 소개한다.

1. 내부커뮤니케이션을 저해하는 소음을 파악한다

직원들이 ESG에 대한 기존 인식은 어떠한지, 현재 어떤 ESG 정보를 과도하게 또는 부족하게 받아들이고 있는지, 어떤 방식으로 정보를 받고 있는지, 어떤 채널을 선호하는지 등을 설문조사, 인터뷰, 그룹인터뷰 등을 통해 파악한다. 이를 바탕으로 불필요한 정보나 메시지를 줄이고 ESG 메시지 전달에 최적화된 커뮤니케이션 환경을 조성한다.

2. 정보 과잉, 빈곤을 주의한다

직원들은 하루에도 수많은 정보를 접하기 때문에 ESG 관련 정보가 과도하거나 복잡하게 전달될 경우 피로감을 느끼고 메시지에 집중하기 어려워진다. 핵심 정보를 중심으로 간결하게 전달하는 것이 필수적이다. 정보가 부족해 직원들이 회사 ESG 목표와 전략에 대한 이해를 제대로 하지 못하거나 방법을 모르는 상황이 발생할 수 있다.

기업은 직원들이 반드시 알아야 할 핵심 정보를 선별해 집중적으로 전달하고 직무, 관심사, 이해 수준 등을 고려한 정보를 제공해야 한다. 사내 웹사이트나 지식 공유 플랫폼 등을 통해 ESG 관련 정보를 체계적으로 관리하고 검색 기능 강화, FAQ 제공 등을 통해 직원들이 필요할 때 언제든지 정보에 접근하도록 하는 것이 중요하다. 효율적인 정보 관리 시스템 구축은 정보의 신뢰도를 높이고 불필요한 혼란을 줄여 ESG 내부 커뮤니케이션의 효과를 극대화할 수 있다.

3. ESG 메시지는 짧고 명료하게 전달해야 한다

직원들은 제한된 시간 내 많은 업무를 처리해야 한다. ESG 관련 메시지가 장황하거나 핵심 내용이 불분명할 경우 주의를 기울이기 어렵다. ESG 메시지는 전달하고자 하는 핵심 내용을 명확하게 정의하고 간결하게 작성하는 것이 중요하다.

두괄식 표현이나 핵심 단어 강조 등을 활용해 메시지의 핵심을 빠르게 파악하도록 구성해야 한다. 텍스트 위주의 설명보다 인포그래픽, 이미지, 짧은 영상 등 시각자료를 활용해 메시지의 이해도를 높이고 전달 시간을 단축하는 것이 효과적이다.

긴 내용의 정보는 핵심 내용을 요약하거나 요약본을 함께 제공해 바쁜 직원들이 빠르게 정보를 파악하도록 돕고 언제 어디서든 정보를 확인하도록 모바일환경에 최적화된 형태로 메시지를 전달하는 것도 고려해야 한다. 쉽고 명확하며 일상언어를 사용해 메시지의 이해도를 높이는 노력도 필요하다.

4. 경영진의 확고한 의지가 전달되도록 한다

경영진이 ESG경영에 대해 말과 행동이 다른 모습을 보이면 직원들은 ESG를 기업의 진정한 가치와 목표로 여기지 않는다. 경영진이 ESG 목표와 전략에 대한 메시지를 진솔하고 일관성 있게 전달하면 직원들은 자연스럽게 주목하게 된다.

유니레버, 파타고니아, 마이크로소프트 등 ESG경영 선도 기업들이 ESG를 기업 전략의 핵심에 두고 CEO가 직원들과 적극 소통함으로써 내부 변화를 성공적으로 이끌고 있다.

경영진 주도로 메시지를 전달한다. CEO가 직접 ESG 비전과 목표를 담은 정기적인 CEO 레터 또는 영상메시지, 사내고, 인터뷰, 타운홀 미팅 등을 통해 진정성 있게 전달한다. CEO의 개인적 경험이나 철학이 담긴 메시지는 더욱 힘을 실을 수 있다. 경영진이 ESG 봉사활동, 캠페인, 교육 등에 참여하는 모습을 보여주는 것도 방법이다. ESG 목표 달성을 공개적으로 인정하고 보상과도 연계할 수 있다. ESG 전략과 추진 계획을 정기적으로 업데이트하고 변화에 대한 경영진의 대응 전략과 의지를 직원들과 공유할 수 있다.

5. 간단명료한 메시지로 비전과 목표를 전달한다

간결하고 명확한 메시지로 ESG 비전과 목표를 전달하고 각인시키는 것은 조직 전체의 공감대 형성과 적극적인 참여를 이끌어내는 핵심이다. 핵심 메시지를 담은 간결하고 명확한 문구로 직원들의 마음속에 회사의 ESG 비전과 목표가 새겨지도록 하는 것이다. 파타고니아의 "지구를 보호하기 위해 사업을 합니다"같이 기업의 존재이유와 ESG 비전을 간결하고 명확하게 연결하는 메시지는 직원들의 마음속에 각인돼 자신들이 업무를 어떤 방향으로 할지 이해하고 ESG경영에 대한 몰입도를 높일 수 있다.

핵심 메시지를 간결하고 명료하게 압축하는 슬로건을 활용한다. ESG 비전과 목표를 함축적으로 담아낸 짧고 인상적인 슬로건을 개발해 지속적으로 활용하는 것이 효과적이다.

시각적이고 기억에 남는 콘텐츠를 활용한다. ESG 비전과 목표를 간결하고 시각적으로 표현하는 인포그래픽, 짧은 애니메이션, ESG 비전을 함축적으로 담은 슬로건이나 캐치프레이즈를 직원 공모, 캠페인 등을 통해 쉽게 이해하고 기억하도록 한다.

다양한 채널을 통해 핵심 메시지를 일관되고 반복적으로 노출하는 것이 중요하다. 사내 웹사이트, 이메일, 뉴스레터, 사내 게시판, 소셜미디어 등 다양한 채널을 활용해 일관된 메시지를 지속적으로 전달함으로써 직원들의 인지도를 높이고 자연스럽게 메시지가 각인되도록 해야 한다.

간결하고 명확한 메시지를 다양한 방법으로 반복적으로 전달하고 시각적 요소와 참여 활동 등을 다양한 커뮤니케이션을 통해 메시지의 각인 효과를 높이는 것이 효과적인 ESG 내부 커뮤니케이션의 핵심이다.

6. 단기적 성과를 체감하도록 전달한다

직원들이 단기적 성과를 공유하면 성취감을 느끼고 ESG활동에 더욱 자발적으로 참여하도록 동기를 부여한다. 추상적 표현 대신, 에너지 절감률, 폐기물 재활용률, 사회공헌활동 참여자 수 등 구체적이고 측정 가능한 지표를 활용해 성과를 제시한다.

인포그래픽, 차트, 그래프 등으로 시각화해 정보 전달의 효과를 높인다. "이달 에너지 사용량 5% 감소!", "봉사활동 참여 직원 50명 달성!" 같이 직관적으로 이해하도록 표현한다.

정기적으로 단기 ESG 성과를 요약해 공유하고 단기적 ESG 성과는 사내 뉴스레터, 이메일, 게시판, 타운홀미팅 등 다양한 채널을 활용해 공유하고 직원들의 자발적 공유와 댓글 참여를 유도한다. 장기목표라는 큰 그림과 단기성과를 연결해 그 중요성을 강조한다.

7. 스토리텔링을 활용해 장기적 비전과 핵심 가치를 전달한다

단순히 사실이나 정보를 나열하는 것보다 이야기를 통해 메시지를 전달하면 직원들의 몰입도와 공감대를 높이고 장기적 비전과 핵심 가치를 더욱 깊이 각인시킬 수 있다.

스토리텔링을 통해 장기적 ESG 비전을 전달하면 직원들은 막연하게 느껴졌던 미래를 구체적으로 그려볼 수 있다. 회사가 ESG경영을 통해 어떤 지속가능한 미래를 만들어나가고자 하는지, 그 과정에서 각 직원의 역할이 얼마나 중요한지를 감성적으로 전달함으로써 직원들은 회사의 비전에 공감하고 참여할 마음을 갖게 된다. 중요한 것은 진정성 있는 이야기를 통해 직원들의 마음을 움직이고 ESG 비전과 핵심 가치를 공유하며 함께 미래를 만들어나가고자 하는 공감대를 형성하는 것이다. CEO나 경영진이 ESG 비전과 관련된 개인적 경험이나 에피소드를 공유하거나 ESG 관련 프로젝트에 참여한 직원들의 생생한 후기를 전달하는 것도 좋은 방법이다. 영상, 웹툰, 사내인터뷰 등 다양한 형식을 활용해 흥미롭고 효과적으로 이야기를 전달할 수 있다.

장기적 ESG 목표 달성을 통해 회사가 사회와 환경에 어떤 긍정적 영향을 미칠 수 있는지, 회사가 어떻게 발전할 수 있을지, 그 속에서 직원들의 역할이 얼마나 중요한지, 직원들이 구체적으로 자신들의 역할과 미래를 그릴 수 있는 내용을 포함한다.

8. 목표를 개인화할 수 있는 메시지를 전달한다

ESG 목표를 개인화할 수 있는 구체적 메시지를 전달하는 것이 효과적이다. 직원들은 일반적으로 자신과 직접적으로 관련된 정보에 더 큰 관심을 가지므로 ESG 목표를 개인의 직무, 가치관, 일상생활과 연결해 설명해야 한다. 개인화된 메시지를 통해 직원들은 ESG를 추상적인 기업 목표가 아니라 자신의 문제로 인식하고 자발적 참여 의지를 높일 수 있다. 각 직원이 ESG 목표를 자신의 일, 가치관, 삶과 연결해 의미를 찾고 구체적으로 어떻게 자신의 업무로 연결할 수 있는지 인식하는 커뮤니케이션이 필요하다.

직무의 특성을 분석해 ESG 목표 달성에 어떻게 기여할 수 있는지 명확하게 안내하는 가이드 또는 툴킷을 활용할 수 있다. 각 부서 임원진이 CEO의 메시지를 바탕으로 부서별 ESG 목표와 구체적 실행 계획을 명확히 설명하고 공유한다.

사내교육과 워크숍을 활용해 직무별 역할과 책임이 ESG 목표 달성에 어떻게 기여하는지 구체적 사례와 함께 각자의 업무에서 ESG를 실천할 아이디어를 공유하고 실행 방안을 구체적으로 생각하는 기회를 가질 수 있다.

ESG 관련 사내 캠페인이나 이벤트 시 환경보호, 사회적 책임 등 다양한 ESG 주제와 관련된 개인의 경험이나 생각을 공유하는 자리를 마련한다.

지속적으로 사례를 공유한다. 직원들이 자신의 직무에서 ESG를 실천한 성공 사례를 공유할 수 있는 사내 플랫폼(게시판, 웹사이트, 사내 SNS 등) 운영, 직무와 관련된 ESG 최신 정보, 성공사례, 참여 기회 등을 담은 뉴스레터를 발행 등으로 직원들의 이해도를 높일 수 있다.

직원들이 자신의 직무와 관련된 ESG 아이디어 공모전, 개인 또는 팀별로 참여할 수 있는 ESG 관련 챌린지 같은 참여형 프로그램을 활용할 수도 있다. ESG 목표를 개인화하는 커뮤니케이션을 통해 직원들은 ESG 목표를 자신의 일과 밀접히게 연결시킴으로서 ESG 경영에 대한 몰입도를 높일 수 있다.

9. 직원이 주목할 콘텐츠를 제작한다

효과적인 ESG 내부 커뮤니케이션 전략 중 하나는 직원이 주목할 콘텐츠를 만드는 것이다. 정보를 나열하거나 딱딱하고 추상적 내용을 전달하는 방식으로는 직원들의 시선을 끌기 어렵다. 직원들의 흥미와 이해를 높일 다양한 형태와 내용의 콘텐츠를 제작해 활용해야 한다.

스토리텔링 기법을 활용해 회사의 ESG활동과 관련된 감동적인 이야기나 긍정적 변화 사례를 쉽고 재미있게 전달해야 한다. 예컨대, 친환경 프로젝트 참여 직원 인터뷰 영상이나 에너지 절약 성공사례 등을 활용할 수 있다.

인포그래픽, 카드뉴스, 짧은 영상 등 시각적 요소를 활용해 복잡한 ESG 정보를 간결하고 명확하게 전달하고 사진이나 일러스트로 집중도와 기억력을 높인다.

ESG 퀴즈, 설문조사, 아이디어 공모전 등 쌍방향소통 콘텐츠를 제작해 직원들의 참여를 유도하고 댓글이나 공유 기능으로 의견 교환을 활성화한다. 직원들이 궁금해 하는 질문에 답변하거나 전문가 인터뷰를 제공해 심층적인 정보도 제공할 수 있다.

사내 뉴스레터, 블로그, 소셜미디어 등을 통해 ESG 콘텐츠를 꾸준히 발행하고 중요한 정보는 반복적으로 노출해 직원 인식을 높인다. 전문용어 대신 쉽고 친숙한 언어를 사용하고 직원들이 궁금해하는 내용을 중심으로 제작하며 피드백을 반영해 지속적으로 개선해야 한다. 직원들이 관심을 끄는 콘텐츠를 통해 메시지 전달 효과를 극대화할 수 있다.

10. 참여형 커뮤니케이션 프로그램을 활용한다

참여형 커뮤니케이션 프로그램은 단순히 정보를 전달하는 일방향소통을 넘어 직원들이 ESG경영의 다양한 측면에 주체적으로 참여하고 의견을 개진하며 함께 만들어나가는 소통을 의미한다. 이는 직원들에게 ESG에 대한 주인의식을 심어주고 자발적 참여를 유도하며 혁신적 아이디어를 발굴하는 데 기여한다.

ESG 아이디어 공모전은 직원들이 회사의 ESG 목표 달성을 위한 창의적 아이디어를 제안할 플랫폼을 마련한다. ESG 챌린지 프로그램은 에너지 절약 챌린지, 플로깅 챌린지 등 직원들의 일상 속 ESG 실천을 장려하고 결과를 공유하며 경쟁과 협력을 유도할 수 있다.

회사가 지원하는 ESG 프로그램을 직원들이 기획하고 참여하도록 할 수 있다. 이러한 방식으로 공동의 목표를 가지고 함께 봉사하는 경험은 소속감과 참여의식을 높여준다.

11. 직원들의 의견을 존중하는 모습을 보여주어야 한다

일방적 전달이 아닌, 귀 기울여 듣고 응답하는 커뮤니케이션은 경영진이 직원들의 의견을 존중하고 중요하게 생각한다는 것을 보여주는 신호다. 이러한 커뮤니케이션이 이루어질 때 ESG 비전과 목표를 달성하려는 직원들의 자발적 참여와 부서 간의 협력, 다양한 관점과 아이디어가 가능해진다. 타운홀미팅, 간담회, 질의응답 같은 형식이 아니라 진정성 있는 경청과 실질적인 피드백이 이루어져야 한다.

타운홀미팅, 설문조사, 사내 SNS 등 다양한 채널은 ESG 관련 의견이나 질문을 자유롭게 제시하도록 운영돼야 한다. 정기적인 청취 시스템을 만들어야 한다. 신속하고 명확한 구체적인 피드백 프로세스를 구축하고 결과를 공유한다. 소통 방식은 온라인포럼, 설문조사, 아이디어 제안 플랫폼, 소규모 간담회 등 직원들의 접근성을 높이도록 다양한 채널을 활용해야 한다. ESG 내부 커뮤니케이션 효과를 측정하고 지속적으로 개선시켜 나간다.

ESG경영이 성공하려면 직원 한 명 한 명이 ESG경영의 비전과 목표를 공유하고 자신의 행동으로 실행할 수 있어야 한다. 기업은 이러한 역할을 하는 내부 커뮤니케이션에 집중해야 한다.

#파타고니아(Patagonia)

미션 중심의 강력한 문화: 파타고니아는 "우리는 우리의 터전, 지구를 보호하기 위해 사업을 합니다"라는 강력한 미션을 중심으로 움직인다. 이 미션은 모든 내부 커뮤니케이션의 핵심 기둥 역할을 하며 임직원이 회사의 존재이유와 ESG경영의 중요성을 명확히 인식하도록 돕는다.

투명한 개방적 소통: 파타고니아는 기업활동의 긍정적 측면뿐 아니라 환경에 미치는 부정적 영향까지 공개한다. 'The Footprint Chronicles' 같은 프로젝트를 통해 제품 생산 과정의 환경 및 사회적 영향을 상세히 공개하고 임직원과 함께 개선방안을 모색한다.

직원 참여와 주도적 활동 장려: 파타고니아는 임직원이 환경문제 해결에 적극 참여하도록 다양한 기회를 제공한다. 'Patagonia Action Works' 플랫폼을 통해 직원들이 환경 단체와 연결돼 자원봉사활동을 하도록 지원하고 'Environmental Internship Program'을 통해 직원들이 환경문제 해결 프로젝트에 참여하도록 유급휴가를 제공한다.

CEO의 진정성 있는 리더십: 창립자 이본 쉬나드(Yvon Chouinard)와 CEO 라이언 겔러트(Ryan Gellert)를 비롯한 경영진은 ESG경영에 대한 강력한 의지와 진정성을 보여준다. 이들의 리더십은 내부 커뮤니케이션의 신뢰도를 높이고 직원들의 자발적 참여를 이끌어내는 데 중요한 역할을 한다.

미션 중심의 일관된 메시지: 회사의 핵심 가치와 ESG경영 목표를 일치시켜 임직원의 공감대 형성

투명성 기반의 신뢰 구축: 기업 운영의 투명성을 높여 임직원의 신뢰 확보

직원 참여형 프로그램 운영: 임직원이 ESG활동에 주도적으로 참여할 기회 제공

진정성 있는 리더십: 경영진의 솔선수범을 통해 ESG경영에 대한 조직 전체의 몰입도 향상

#다농(Danone)

'B Corp' 인증 및 'Purpose' 기업 전환: 다농은 2017년 글로벌기업 최초로 'B Corp' 인증을 획득하고 'Purpose Corporation(미션 주도 기업)'으로 전환하며 ESG경영에 대한 강력한 의지를 표명했다. 이는 내부적으로 ESG경영의 중요성을 명확히 인지시키고 조직의 방향을 설정하는 데 기여했다.

'One Person, One Voice, One Share' 프로그램: 다농은 모든 직원이 회사의 전략 방향에 의견을 제시하고 참여하는 'One Person, One Voice, One Share' 프로그램을 운영한다. ESG 관련 주제에 대해서도 직원들의 다양한 아이디어를 수렴하고 의사결정에 반영해 직원들의 참여의식과 책임감을 높인다.

ESG 교육 및 역량 강화: 다농은 전 직원을 대상으로 ESG교육을 의무적으로 실시하고 'Danone Business School' 같은 플랫폼을 통해 ESG 전문가 양성에 힘쓰고 있다. 임직원의 ESG 역량 강화를 통해 ESG경영 실행력을 높이고 내부 커뮤니케이션의 효과를 극대화한다.

성과 연동형 ESG 목표 설정: 다농은 ESG 목표를 구체적으로 설정하고 임원진의 보수를 ESG 목표 달성률과 연동시키는 시스템을 도입했다. 이는 ESG경영에 대한 경영진의 책임감을 강화하고 내부 커뮤니케이션 메시지의 진정성을 높이는 효과를 가져왔다.

기업 헌장 변화를 통한 강력한 의지 표명: 'B Corp' 인증과 'Purpose Corporation' 전환을 통해 ESG경영을 기업의 핵심 가치로 내재화

직원 참여 플랫폼 운영: 'One Person, One Voice, One Share' 프로그램을 통해 직원들의 적극적 참여 유도 및 소통 활성화

체계적 ESG교육 시스템: 전 직원 대상 ESG 교육 및 전문가 양성 프로그램 운영

성과 연동형 목표 설정: ESG 목표 달성률을 임원 보수와 연동시켜 책임경영 강화 및 메시지 신뢰도 향상

'People & Planet Positive' 전략: 이케아는 'People & Planet Positive' 라는 지속가능성 전략을 수립하고 2030년까지 긍정적인 환경적·사회적 영향을 창출하는 것을 목표로 한다. 이 전략은 내부 커뮤니케이션의 주요 프레임워크 역할을 하며 임직원이 ESG경영의 방향성을 공유하도록 돕는다.

스토리텔링 기반 콘텐츠: 이케아는 지속가능성 노력을 담은 다양한 스토리텔링 콘텐츠를 제작해 내부 채널을 통해 공유한다. 〈IKEA Sustainability Report〉 같은 보고서뿐 아니라 임직원 인터뷰, 영상, 인포그래픽 등을 활용해 ESG 정보를 쉽고 재미있게 전달하고 공감대를 형성한다.

사내 지속가능성 네트워크 운영: 이케아는 'Sustainability Network'라는 사내 네트워크를 운영해 지속가능성에 관심 있는 직원들이 자발적으로 모여 아이디어를 공유하고 ESG활동을 기획·실행하도록 지원한다. 자발적 네트워크활동은 풀뿌리방식으로 ESG문화를 확산시키고 내부 커뮤니케이션의 효과를 높인다.

성과 측정 및 피드백: 이케아는 지속가능성 목표 달성 현황을 정기적으로 측정하고 결과를 투명하게 공유한다. 'Sustainability Dashboard'를 통해 진행 상황을 시각적으로 보여주고 임직원의 피드백을 수렴해 개선점을 발굴한다. 데이터 기반의 투명한 소통은 ESG경영에 대한 신뢰도를 높이고 지속적인 개선을 가능하게 한다.

명확한 지속가능성 전략 제시: 'People & Planet Positive' 전략을 통해 ESG

경영의 장기적 방향성 제시

스토리텔링 콘텐츠 활용: 다양한 형태의 스토리텔링 콘텐츠를 통해 ESG 정보에 대한 임직원의 흥미와 이해도 향상

자발적 사내 네트워크 지원: 'Sustainability Network' 운영을 통해 풀뿌리 ESG 문화 확산 및 직원 참여 활성화

데이터 기반 성과 관리 및 투명한 공유: 'Sustainability Dashboard'를 통해 ESG 성과를 투명하게 공개하고 피드백 반영

#인터페이스(Interface)

'Mission Zero'와 'Climate Take Back': 'Mission Zero(2020년까지 환경 발자국 제로화)'라는 야심찬 목표를 설정하고 최근에는 'Climate Take Back(기후변화 역전)'이라는 더욱 과감한 목표를 발표했다. 이러한 도전적인 목표는 내부적으로 ESG경영의 방향성을 명확히 제시하고 임직원의 열정과 몰입을 이끌어내는 강력한 동기가 됐다.

전 직원 대상 지속가능성 교육: 모든 직원을 대상으로 지속가능성 교육을 실시하고 'Sustainability Ambassadors' 프로그램을 통해 사내 지속가능성 전문가를 양성한다. 임직원이 지속가능성 전문가로서 활동하며 내부 커뮤니케이션의 핵심 역할을 수행하도록 지원한다.

개방형 혁신 플랫폼: 지속가능성 목표 달성을 위한 혁신적 아이디어를 직원들로부터 수집하고 사업에 반영하는 개방형 혁신 플랫폼을 운영한다. 'Innovation Incubator' 같은 프로그램을 통해 직원들의 창의적 아이

디어를 발굴하고 ESG경영 성과를 높이는 데 활용한다.

지속가능성 성과 투명하게 공유: 지속가능성 목표 달성 현황을 담은 〈Sustainability Report〉를 매년 발간하고 웹사이트를 통해 투명하게 공개한다. 내부적으로도 정기적으로 성과를 공유하고 직원들과 함께 개선 방안을 논의하는 문화를 구축했다.

도전적 ESG 목표 설정: 'Mission Zero' 및 'Climate Take Back' 같은 과감한 목표 설정을 통해 ESG경영에 대한 강력한 의지 표명 및 직원 동기 부여

지속가능성 전문가 양성 프로그램: 'Sustainability Ambassadors' 프로그램을 통해 내부 ESG커뮤니케이션 리더 육성

개방형 혁신 플랫폼 운영: 'Innovation Incubator'를 통해 직원들의 창의적 아이디어 발굴 및 ESG경영 접목

지속가능성 성과 공개: 〈Sustainability Report〉 발간 및 내부 공유를 통해 ESG경영에 대한 신뢰도 향상

#막스앤스펜서(Marks & Spencer, M&S)

'Plan A' 지속가능성 프로그램: 2007년부터 'Plan A'라는 지속가능성 프로그램을 운영하며 환경·사회문제 해결에 나서고 있다. 'Plan A'는 내부 커뮤니케이션의 핵심 주제가 되며 전사적인 ESG경영 추진의 구심점 역할을 한다.

'Eco-Schools' 프로그램: 'Eco-Schools' 프로그램을 통해 직원들의 자녀

들이 다니는 학교를 지원해 미래세대에게 지속가능한 생활방식을 교육하고 있다. 직원들의 ESG가치관 형성에 기여하고 가정과 직장 모두에서 ESG문화를 확산시키는 효과를 가져온다.

'Employee Sustainability Champions' 육성: 사업부문별로 'Employee Sustainability Champions'를 선발해 사내 ESG커뮤니케이션을 주도하도록 지원한다. 이들은 워크숍, 캠페인, 정보 공유 세션 등을 조직하고 동료 직원들의 ESG 참여를 독려하는 역할을 한다.

정기적 지속가능성 보고 및 소통: 〈Plan A Report〉를 매년 발간해 지속가능성 성과를 투명하게 공개하고 내부적으로도 정기적인 타운홀미팅, 온라인포럼 등을 통해 직원들과 소통한다. 성과 공유 및 피드백 수렴 과정을 통해 지속적인 개선을 추구한다.

장기 지속가능성 프로그램 운영: 'Plan A'를 통해 ESG경영의 장기적인 비전 제시 및 지속적인 실천

미래세대 교육 프로그램: 'Eco-Schools' 프로그램을 통해 직원 가정 및 지역사회로 ESG 가치 확산

사내 ESG 챔피언 육성: 'Employee Sustainability Champions'를 통해 내부 커뮤니케이션 및 참여 활성화

투명한 지속가능성 보고 및 소통: 〈Plan A Report〉 발간 및 정기적인 소통 채널 운영으로 신뢰도 향상

위 기업들은 각자의 산업 특성과 조직문화에 맞는 다양한 ESG 내부 커뮤니케이션 전략을 통해 성공적인 ESG경영을 실현하고 있다. 기업들은 자사의 상황에 맞는 효과적인 ESG 내부 커뮤니케이션 전략을 수

립하고 실행해야 한다. ESG 내부 커뮤니케이션을 잘하는 기업들은 자원이 풍부해서가 아니다. 그들은 명확한 이유와 전략을 가지고 내부 커뮤니케이션을 체계적으로 관리해 ESG경영을 성공적으로 이끌어간다.

CEO 커뮤니케이션

CEO는 ESG 최고 스토리텔러
(Chief ESG Storyteller)

ESG를 실무진에게만 위임하고 CEO가 목소리를 내지 않는 ESG전략은 동력을 잃게 된다. ESG가 경영의 표준이 된 지금, 수많은 데이터와 보고서가 쏟아져 나온다. "탄소배출량 20% 감축", "공급망 실사 강화", "이사회 독립성 확보". 이처럼 흩어져 있는 사실과 숫자들은 아무런 감동이나 신뢰를 주지 못한다. CEO의 역할, '최고 스토리텔러(Chief ESG Storyteller)'로서의 중요성이 커지고 있다.

CEO는 더 이상 전략과 숫자를 관리하는 경영자를 넘어 기업의 ESG 활동이라는 점들을 연결해 '우리는 왜 이 일을 하는가?'라는 강력한 스토리로 만들어내는 사람이어야 한다.

CEO는 ESG 진정성과 의지의 상징이다. 지속가능성팀이나 홍보팀이 아무리 훌륭한 보고서를 내놓아도 CEO의 한마디가 갖는 무게와 진정성을 따라갈 수 없다. CEO의 목소리는 곧 회사의 공식적인 약속이자 의지의 표명이다. "우리는 환경을 생각합니다"라는 메시지가 CEO의 입에서 나올 때 비로소 조직 전체와 시장은 그 메시지를 진지하게 받아들이기 시작한다. CEO는 단순히 방향을 제시하는 것을 넘어 구체적인 시스템을 만들고 행동으로 모든 것의 진정성을 증명하는 총체적 책임자다.

CEO는 ESG 비전의 제시자이며 동력이다. ESG는 단순한 사회공헌 활동이 아니라 핵심 비즈니스전략 그 자체와 연결될 때 가장 큰 힘을 발휘한다. 기업의 존재이유와 ESG활동을 연결해 "우리의 성장이 어떻게 세상에 기여하는가"를 제시하는 사람이 바로 CEO다.

CEO는 ESG 가치의 나침판이다. 조직이 나아갈 올바른 방향을 알려주는 조직의 윤리적, 가치적 기준점이 된다. '가치나침반'은 CEO가 없는 곳에서도 모든 직원이 스스로 올바른 결정을 내리도록 돕는다. 직원들이 ESG와 관련된 갈림길에 섰을 때 'CEO라면 어떻게 결정했을까?'를 생각하게 한다. CEO가 들려주는 ESG 스토리는 외부뿐 아니라 내부를 향한 가장 강력한 메시지다. 직원들에게 회사가 나아가는 방향에 대한 자부심을 심어주고 자신의 업무가 가진 사회적 의미를 깨닫게 한다. CEO의 스토리는 직원 한 명 한 명을 회사의 비전을 실천하고 전파하는 ESG일꾼으로 만드는 강력한 힘이다.

CEO가 진정성 있는 스토리를 통해 기업의 ESG 비전을 내외부에 성공적으로 전달할 때 인재를 끌어들이고 충성도 높은 고객을 확보하며 장기적 안목을 가진 투자자를 설득하는 가장 강력한 무기가 될 수 있다. 수많은 ESG 정보 속에서 기업의 진정성을 알리고 모든 이해관계자의 신뢰를 얻는 데 있어 CEO의 커뮤니케이션이 결정적 역할을 한다. CEO는 ESG 비전을 내외부에 전파하는 '최고 스토리텔러'이자 '최고 가치책임자'가 돼야 한다.

ESG리더십 커뮤니케이션의 그림자:
신뢰를 무너뜨리는 5가지 리스크

　CEO는 ESG커뮤니케이션을 성공으로 이끄는 가장 강력한 엔진이지만 잘못된 커뮤니케이션은 기업의 모든 노력을 수포로 돌리는 아킬레스건이 되기도 한다. 리더십에서 비롯된 리스크는 단순히 메시지의 효과를 떨어뜨리는 것을 넘어 기업이 쌓아 올린 이해관계자의 신뢰와 브랜드 이미지를 한순간에 무너뜨리는 파괴력을 지닌다.

　가장 경계할 리스크는 리더의 '일관성 없는 언행'이다. 리더가 공식 석상에서 탄소중립과 같은 거창한 ESG 비전을 선포하면서도 뒤에서는 여전히 환경 파괴적인 사업을 승인하고 있다면 그 어떤 화려한 약속도 공허한 메아리로 남을 뿐이다. 오늘날의 투자자와 소비자들은 어느 때보다 영리하다. 그들은 기업의 발표를 그대로 믿지 않고 행동과 데이터를 통해 진실을 파고든다. 이 과정에서 말과 행동의 괴리가 발견되는 순간 기업은 '그린워싱'의 낙인이 찍히게 되며 이는 곧바로 신뢰의 붕괴, 나아가 법적 리스크로 이어진다.

　또 하나의 리스크는 CEO의 ESG에 대한 무관심이다. 이는 ESG를 핵심 경영 아젠다가 아닌 마지못해 처리할 숙제나 홍보용 액세서리 정도로 치부하는 태도에서 비롯된다. 리더가 ESG 관련 논의에 참여하지 않고 마지못해 처리하거나 자원 배분에 인색한 모습을 보일 때 그 무관심은 조직 전체에 암묵적 신호로 퍼져나간다. 결국 직원들의 참여 의지를 꺾고 ESG를 소수 담당자의 외로운 업무로 전락시키며 외부에는 그저 형식만 갖춘 활동으로 비춰져 진정성을 의심받게 된다.

리더의 무관심이 의지의 문제라면 비전의 부재는 전략의 문제로 심각한 리스크를 야기한다. 리더가 ESG의 중요성을 인지하고 있더라도 이를 기업의 고유한 성장 전략과 어떻게 연결할지 명확한 청사진을 제시하지 못하는 경우다. 구체적 목표와 실행 로드맵이 없는 커뮤니케이션은 공허한 구호의 나열로 그치기 쉽다. 명확한 목표와 전략적 방향이 없으니 직원들은 혼란에 빠지고 내부적으로는 자원 낭비와 혼란을 초래할 수밖에 없다. 단기성과에 매몰돼 지속가능성 계획을 제시하지 못하는 리더는 목적지 없이 망망대해를 떠도는 배의 선장과 다를 바 없으며 내부의 냉소주의를 낳고 이해관계자들에게는 ESG 메시지를 신뢰할 수 없는 마케팅 도구로 여기게 만든다.

ESG위기에서 CEO의 부적절한 커뮤니케이션은 또 하나의 리스크다. 환경오염이나 인명사고 등 사회적 논란 같은 ESG위기가 터졌을 때 리더가 문제를 축소하거나 책임을 회피하는 모습을 보이면 기업이 평소에 외치던 모든 구호는 거짓이었음이 만천하에 증명된다. CEO의 신속하고 투명하게 문제를 인정하고 진정성 있는 커뮤니케이션의 부재는 그동안 쌓아온 평판에 돌이킬 수 없는 타격을 입힌다. ESG위기에 직면했을 때 회피하지 말고 CEO가 설명하고 개선을 약속해야 한다.

신관 의도에서 비롯된 파도관 목표 실징 역시 리스크가 될 수 있다. 리더가 현실적인 실행 계획 없이 이상적인 목표를 남발하는 것은 스스로 함정을 파는 것과 같다. 불가능해 보이는 목표를 달성하지 못했을 때 시장은 역량 부족이나 의지박약의 신호로 받아들인다. 철저한 현실 분석과 달성 가능한 로드맵이 뒷받침돼야 한다.

ESG리더십 커뮤니케이션의 리스크는 다양한 모습으로 복잡하게 얽

혀 있다. CEO의 한마디는 기업을 위대한 반열에 올릴 수도 있지만 준비되지 않은 소통은 신뢰의 기반 자체를 무너뜨리는 심각한 리스크가 될 수 있다. 성공적인 CEO커뮤니케이션은 단순히 말을 잘하는 사람이 아니라 일관성·투명성·진정성을 담보할 커뮤니케이션 전략이 요구된다. ESG리더십 커뮤니케이션의 길은 선한 의지만으로는 걸어갈 수 없는, 철저한 전략과 진정성이 요구되는 험난한 여정이다.

#사례1
비일관성 커뮤니케이션 사례
우버(Uber)의 기업문화 논란

우버는 혁신과 성장을 강조하면서도 내부적으로는 성차별, 성희롱, 그리고 비윤리적인 경영 관행이 만연하다는 비판을 받았고 경영진은 이러한 문제를 해결하기 위한 명확한 방향성을 제시하지 못했다. 이러한 비일관성으로 우버는 임원들이 사임하고 기업 가치가 하락하고 이해관계자들의 신뢰를 상실했다.

#사례2
비현실적 과도한 목표 설정 커뮤니케이션 사례
스타벅스(Starbucks) 공정무역커피 캠페인 논란

스타벅스는 공정무역커피 사용을 강조하며 지속가능한 커피 공급망을 구축하겠다고 선언했지만 공정무역 인증을 받은 커피의 비율이 약속한 목표를 달성하지 못했다는 지적을 받았다. 공약 이행 실패로 소비자와 사회적 책임 단체로부터 비판 받고 공정무역 캠페인이 마케팅 중심 '그린워싱'으로 인식돼 결과적으로 스타벅스의 사회적 책임 리더십이 도전받는 상황이 발생했다.

ESG리더십 커뮤니케이션 전략

CEO의 ESG커뮤니케이션에 내재된 수많은 리스크를 극복하고 이를 기회로 전환하기 위해서는 단편적 대응을 넘어선 총체적이고 진정성 있는 리더십 커뮤니케이션 전략이 필요하다. 성공적인 CEO커뮤니케이션은 메시지를 전달하는 스피커가 아니라 비전을 설계하고 문화를 조성하며 위기까지 관리하는 역할이다.

비전을 제시하고 경영의 중심에 두라. CEO의 가장 중요한 역할은 ESG를 사회공헌활동을 넘어 비즈니스전략의 핵심으로 격상시키는 것이다. CEO의 ESG커뮤니케이션은 '명확하고 신뢰할 수 있는 비전과 로드맵'을 전달하는 것에서 출발한다. '왜'를 설명하고 담대한 목표를 선언한다. 우리 회사가 왜 ESG 경영을 해야 하는지, 이를 통해 어떤 미래를 만들고 싶은지 CEO의 강력한 비전과 구체적 로드맵이 담긴 선명한 청사진을 제시한다. 이는 기업의 존재이유(Purpose)와 연결될 때 가장 큰 힘을 발휘한다. '2040탄소중립', '공급망 인권 리스크 제로' 등 측정 가능하고 도전적인 목표를 CEO가 연례 메시지나 주주 서한 등을 통해 자신의 목소리로 직접, 그리고 공개적으로 선포함으로써 대내외적으로

ESG경영에 대한 분명한 시그널을 준다. 구호가 아닌 현실적으로 달성 가능한 목표를 제시할 때 CEO의 약속은 신뢰의 무게를 얻게 된다.

최고의 스토리텔러가 돼라. 데이터와 보고서만으로는 사람의 마음을 움직일 수 없다. CEO는 ESG 비전을 설득력 있는 스토리로 전달해야 한다. "제가 이 문제에 관심을 갖게 된 계기는…"같이 개인적 경험이나 철학을 공유하는 커뮤니케이션은 메시지의 진정성을 높여준다. 우리의 노력이 직원, 고객, 협력사, 지역사회의 삶을 어떻게 긍정적으로 변화시키고 있는지, 과거와 현재 이야기뿐 아니라 어떤 어려움을 극복하고 어떤 미래를 만들어갈 것인지에 대한 스토리는 이해관계자들의 지속적인 지지와 참여를 이끌어낼 수 있다. CEO가 ESG를 실천하는 현장 직원들의 노력을 조명하고 그들의 이야기를 소개하며 임직원을 ESG 주인공으로 만들 때 전사적인 자부심을 고취할 수 있다.

행동으로 증명하라. CEO가 선포한 비전과 로드맵을 뒷받침하는 행동을 보여주는 것은 ESG경영의 진정성이 전달되는 효과적인 커뮤니케이션 전략이다. 이는 ESG경영이 CEO의 경영철학과 기업의 핵심 가치에 깊이 뿌리내린 것임을 보여준다. 친환경기술 개발, 협력사 간담회, 지역사회 활동 등 ESG 현장에 CEO가 참여해 ESG 관련 최고의사결정기구를 주재, CEO 자신을 포함한 최고경영진의 성과보상체계를 ESG 목표 달성도와 연동과 같은 행동들은 ESG가 CEO의 최우선 관심사이며 강력한 실행의지를 전달하는 강력한 메시지가 된다.

성공의 순간뿐 아니라 실패와 도전의 순간 등 CEO가 노력하고 어려움을 극복해나가는 모습이 공개할 때 ESG는 더 이상 보고서 속의 죽어 있는 언어가 아닌 살아있는 현실이 된다. 목표 달성에 실패했거나 예상치 못한 과제에 직면했을 때 투명하게 인정하고 개선 계획을 공유하는 커뮤니케이션은 완벽한 성공보다 깊은 신뢰를 구축하는 힘을 가진다.

핵심 이해관계자들과 직접 대화하라. CEO가 기업을 대표하여 투자자, 고객, 지역사회의 목소리를 경청하고 그 피드백을 ESG전략에 반영하는 쌍방향 커뮤니케이션은 ESG경영에 대한 이해관계자들의 신뢰를 높여준다.

IR 컨퍼런스콜이나 투자자 미팅 시 첫머리에 ESG 성과와 계획을 CEO가 설명하며 투자자들에게 재무적 영향과 장기적 가치 창출에 대한 깊은 이해를 보여줄 때 신뢰를 구축할 수 있다. 정기적으로 CEO 주관의 ESG타운홀미팅을 개최해 직원들의 질문에 진솔하게 답하고 제안을 경청하고 정책에 반영하는 모습을 보이는 것이 중요하다. CEO 명의의 주주서한, 소셜미디어, 언론기고 등은 ESG에 대한 생각과 비전을 대외적으로 공유하며 기업의 평판을 주도적으로 만들어갈 수 있다.

위기의 골든타임, 신속한 메시지를 진달하라. ESG위기는 기업의 평판, 브랜드 가치, 사회적 신뢰 등 무형자산을 한순간에 붕괴시킬 파괴력을 지닌다. ESG 관련 논란은 언제든 찾아올 수 있다. 공급망 내 아동노동 착취, 심각한 환경오염사고 경영진의 횡령 및 비윤리적 행위 등은 디지털미디어를 통해 순식간에 퍼져나가 기업의 생존을 위협한다.

ESG위기는 CEO의 리더십과 진정성을 판단하는 결정적 시험대다.

위기상황에서 CEO가 어떤 메시지를 어떤 태도로 어떻게 전달하는지에 따라 기업의 미래가 달라진다. 침묵하거나 책임을 회피하는 리더는 신뢰를 잃게 되지만 진정성 있는 소통으로 정면 돌파하는 CEO는 신뢰를 회복하고 기업을 한 단계 성장시키는 기회를 만든다.

CEO는 ESG위기 발생 시 전면에 나서 신속하게 책임을 인정하고 해결방안을 제시하는 커뮤니케이션의 핵심이다. 기업이 사태를 책임감 있게 다루고 있다는 첫인상을 주려면 CEO는 "현재 심각한 사안이 발생했음을 인지하고 있으며 모든 자원을 동원해 상황을 파악 중입니다"라는 입장을 신속하게 발표해야 한다.

CEO는 '최고공감책임자'가 돼야 한다. 사실관계 확인보다 중요한 것이 피해자에 대한 공감과 위로의 메시지다. 환경오염으로 피해를 본 지역주민, 안전사고를 당한 직원 등 피해자들의 고통에 깊이 공감하고 위로하는 메시지를 CEO가 발표해야 한다. 메시지는 계산적이거나 방어적이어서는 안 되며 인간적 고뇌와 진심이 담겨 있어야 한다.

CEO의 메시지는 구체적 해결방안과 재발 방지 대책이 포함돼야 한다. 사과를 넘어 대책과 이번 위기를 통해 무엇을 배웠고 다시는 같은 실수를 반복하지 않기 위해 어떤 구체적인 조치(프로세스 개선, 지배구조 개편, 책임자 처벌, 관련 투자 확대 등)를 취할 것인지 CEO가 발표해야 한다. 이는 기업의 진정한 변화 의지를 보여주는 커뮤니케이션이다.

ESG커뮤니케이션 성과관리

ESG 관련 정보를 이해관계자들에게 효과적으로 전달하고 있는지 체계적으로 관리하는 활동을 의미한다. ESG 정보를 공개하는 것을 넘어 설정한 목표를 달성하고 있는지 지속적으로 측정하고 평가하며 그 결과를 바탕으로 목표 달성을 위한 커뮤니케이션 활동을 개선해 나가는 전 과정을 포함한다. ESG커뮤니케이션 성과 관리는 오딧(audit), 목표 및 전략, 실행, 성과 평가, 개선 및 피드백으로 구성된다.

오딧(Audit): 진단

ESG커뮤니케이션 오딧이 왜 중요한가?

ESG커뮤니케이션 오딧은 조직의 ESG경영 성과를 어떻게 효과적으로 소통하고 있는지를 진단하는 과정이다. 커뮤니케이션 활동이 조직의 ESG 목표 달성에 어떻게 기여하고 있는지를 평가하는 데 초점을 맞춘다. 기업이 사용하는 다양한 커뮤니케이션 채널과 전달하는 메시지가 내부 및 외부 이해관계자에게 어떻게 인식되고 있으며 그 인식이 ESG 목표 달성에 어느 정도 영향을 미치는지 면밀히 분석하는 과정이다.

ESG커뮤니케이션 오딧의 주된 목적은 조직의 ESG 관련 메시지가 얼마나 효과적으로 전달되고 있는지를 확인하고 이를 개선해 ESG 목표 달성에 기여하도록 하는 것이다. 이를 통해 조직은 자신의 커뮤니케이션 전략이 실제로 ESG 목표를 지원하는지, 그 반대인지 파악할 수 있다. 커뮤니케이션 활동이 이해관계자들에게 어떻게 인식되고 있는지 분석함으로써 개선 방향을 명확히 도출할 수 있다.

ESG커뮤니케이션 오딧의 필요성은 갈수록 커지고 있다. ESG 이슈가 글로벌 경제와 사회에서 점점 더 중요한 역할을 하게 됨에 따라 기업은 투명하고 일관된 커뮤니케이션 전략을 수립하는 것이 필수적이다. ESG 성과를 제대로 소통하지 않으면 이해관계자들의 신뢰를 얻기 어려울 뿐 아니라 기업 이미지와 평판에 부정적 영향을 미칠 수 있다. 오딧을 통해 기업은 자신의 커뮤니케이션 시스템에서 나타날 수 있는 문제점을 발견하고 개선할 기회를 갖게 된다. 이를 통해 ESG 목표에 부합하는 효과적 커뮤니케이션 전략을 구축할 수 있다. 효과적 ESG커뮤니케이션 전략을 위해 반드시 거쳐야 하는 진단이다.

무엇을 진단하나?

ESG커뮤니케이션 오딧의 평가요소들은 기업이 ESG 관련 정보를 얼마나 효과적이고 책임감 있게 소통하고 있는지 다각적으로 진단하기 위한 기준이다.

첫째, ESG커뮤니케이션 목표 점검이다. 기업이 ESG커뮤니케이션을 통해 궁극적으로 무엇을 달성하고자 하는지 확인하는 단계다. 설정된 목표가 명확하고 기업의 전반적 ESG 전략과 일치하며 실현 가능한 목표인지 등을 종합적으로 평가하는 것을 포함한다. 목표가 제대로 설정돼야 이후의 모든 커뮤니케이션 활동의 방향을 올바르게 설정할 수 있다

둘째, 이해관계자 커뮤니케이션 효과 분석이다. 기업의 ESG전략이 다양한 이해관계자에게 어떻게 전달되고 있으며 그들에게 어떤 영향을 미치는지 분석하는 과정이다. 기업의 주요 이해관계자들이 누구인지 정확히 파악하고 그들의 특성과 요구사항에 맞는 정보를 적절한 방식으로 제공하고 있는지, 그들의 기대에 부응하고 있는지 평가한다. 이해관계자

들로부터 ESG 관련 피드백을 어떻게 수집하고 활용하는지 점검하는 것 또한 중요한 요소다.

셋째, 핵심메시지 전략 평가다. 기업이 전달하고자 하는 ESG 핵심 메시지가 목표와 연결돼 있고 이해관계자들에게 효과적으로 전달되도록 구성됐는지 평가하는 것이다. 메시지가 명확하고 일관성이 있는지, 진정성을 담고 있는지, 객관적 근거를 기반으로 하는지 등을 확인하며 투자자, 소비자, 미디어 등 이해관계자 집단의 특성에 맞는 메시지로 구성됐는지 분석한다. 이해관계자들이 메시지를 쉽게 이해하도록 설명하고 있는지, 과장이나 왜곡 없이 진실되게 전달하고 있는지 또한 중요한 평가대상이다.

넷째, 매체 활용 전략 평가다. ESG 메시지를 효과적으로 전달하기 위해 어떤 채널을 활용하고 있으며 그 활용 전략이 적절한지를 검토하는 것이다. 웹사이트, ESG보고서, SNS, 광고, 홍보 등 다양한 소통 채널을 적절히 활용하고 있는지, 채널의 특성에 맞는 메시지를 전달하고 있는지, 이해관계자들이 해당 채널을 통해 정보를 얻고 있는지 등을 평가한다.

다섯째, ESG 디지털 커뮤니케이션 및 접근성 평가다. 디지털기술을 활용한 ESG 정보 제공 방식과 그 접근성을 평가하는 것이다. 기업 웹사이트에서 ESG 관련 정보를 쉽게 찾을 수 있는지, 모바일기기를 포함한 다양한 기기에서도 콘텐츠 접근이 용이한지, 시각자료나 양방향 소통 기능을 활용하고 있는지 등을 점검한다. 정보접근성을 높이고 이해관계자와의 원활한 소통을 위한 중요한 요소다.

여섯째, 내부 임직원 소통 평가다. ESG 전략 및 메시지가 임직원에게 효과적으로 전달되고 있는지, 직원들이 ESG 목표를 이해하고 실제 업무에 적용하도록 지원받고 있는지 평가하는 것이다. 내부 소통이 투명하게 이루어지고 있는지, 직원들의 의견을 반영하는 구조를 가지고 있는지, ESG 가치가 기업문화에 반영되고 있는지 등을 점검한다.

일곱째, ESG커뮤니케이션 기회 요소 발굴이다. 현재의 문제점을 파악하는 것뿐 아니라 기업이 ESG커뮤니케이션을 통해 활용할 긍정적 기회들을 찾는 과정이다. 기업의 강점, 경쟁사와의 차별점, 이해관계자들이 관심을 가질 만한 스토리, 사회적으로 긍정적 영향을 미치는 활동 등을 발굴해 더욱 효과적 커뮤니케이션 전략을 수립하는 데 활용한다.

마지막으로, 성과 측정 및 개선 시스템 평가다. ESG커뮤니케이션 활동의 효과를 객관적으로 측정하고 지속적으로 개선하기 위한 시스템을 갖추고 있는지 평가하는 것이다. 성과를 측정할 수 있는 지표를 설정하고 데이터를 분석하고 있는지, 이해관계자 만족도를 조사하고 있는지, 측정 결과를 바탕으로 개선 전략을 마련하고 실행하고 있는지 등을 종합적으로 점검한다. ESG커뮤니케이션의 효과를 극대화하고 지속적인 발전을 가능하게 하는 핵심 요소다.

오딧은 어떤 과정으로?

커뮤니케이션 오딧은 커뮤니케이션 활동을 진단하고 개선하기 위한 체계적인 과정이다. 이 과정은 일반적으로 여러 단계를 거쳐 진행된다.

1단계, 커뮤니케이션 활동 분석이다. 조직이 현재 어떤 방식으로 정보를 전달하고 커뮤니케이션하고 있는지 파악한다. 조직 내외부에서 이루어지는 모든 커뮤니케이션 활동을 파악하는 것이 중요하다. 어떤 채널(웹사이트, 보고서, 이메일, 소셜미디어 등)을 사용하는지, 어떤 내용을 전달하는지, 얼마나 자주 소통하는지 등을 객관적으로 기록하고 분석한다. 각 커뮤니케이션 활동의 목적은 무엇인지, 어떤 대상을 향하고 있는지, 실제로 어떤 효과를 내고 있는지 등을 심층적으로 검토한다.

2단계, 조직을 둘러싼 내·외부 환경 분석이다. 조직 내부의 커뮤니케이션 시스템이 어떻게 작동하는지, 어떤 자원과 역량을 갖추고 있는지 파악하는 것은 물론 외부적으로는 시장환경, 경쟁사 활동, 이해관계자들의 기대와 요구 사항, 관련 법규 등 다양한 요소를 분석한다. 내부 환경 분석을 통해 조직의 커뮤니케이션 강점과 약점을 파악하고 외부 환경 분석을 통해 기회와 위협 요인을 식별한다.

3단계, 앞선 분석 결과를 바탕으로 강점과 약점 파악에 집중한다. 현재 잘하고 있는 부분은 무엇이고 개선이 필요한 부분은 무엇인지 명확하게 진단한다. 객관적 데이터를 기반으로 강점은 더욱 강화하고 약점은 보완하기 위한 전략을 모색하기 위한 중요한 단계다.

4단계, 개선 영역 도출이다. 강점과 약점 분석 결과를 바탕으로 조직의 커뮤니케이션 성과를 향상시키기 위해 구체적으로 어떤 부분을 개선해야 할지 아이디어를 모으고 우선순위를 설정한다. 목표를 재설정할 것인지, 채널을 개선할 것인지, 메시지 내용을 변경할 것인지, 커뮤니케이션 횟수를 늘릴 것인지 등 개선방안을 모색하고 실질적 변화를 이끌어낼 실행계획을 수립하는 것으로 커뮤니케이션 오딧 과정은 마무리된다.

ESG커뮤니케이션 오딧은 조직의 현재 커뮤니케이션 활동 상황을 면밀히 파악하고 심층적으로 진단해 효과적 커뮤니케이션 전략을 도출하는 출발점이다.

목표와 전략 수립

ESG커뮤니케이션 목표와 전략이 제대로 설정되지 않으면 ESG커뮤니케이션 오딧, 효과 평가, 개선 활동은 의미를 잃거나 방향성을 잃게된다. 성과 관리를 위한 첫 단추이자 토대다.

ESG커뮤니케이션 목표는 지속가능한 성장이라는 더 큰 목표와 긴밀하게 연관돼 있다. 단순한 홍보 활동이 아니라 조직의 핵심 가치와 경영 전략에 통합돼야 한다. 커뮤니케이션은 조직의 ESG 목표 달성에 필수적인 역할을 수행하며 정보 전달, 인식 변화 유도, 이해관계자 참여를 이끌어내는 데 기여한다. 조직의 핵심 가치를 반영한 일관된 메시지는 신뢰도를 높여준다. 장기적 관점에서 ESG커뮤니케이션 목표를 설정하는 것이 중요하다.

커뮤니케이션 목표 설정

ESG커뮤니케이션의 목표는 SMART 원칙에 따라 설정돼야 한다. 이는 커뮤니케이션 성과를 객관적으로 평가하기 위한 기준이 된다.

구체적이어야 한다(Specific) 단순히 "ESG경영 성과를 알린다"가 아닌 "지속가능경영보고서 발간을 통해 주요 ESG 성과를 구체적으로 제시하고 10%의 이해관계자가 인지하도록 한다"같이 명확하게 설정해야 한다.

측정 가능해야 한다(Measurable) 목표 달성 여부를 객관적으로 판단할 측정 지표가 설정돼야 한다. 웹사이트 트래픽 증가율, 보고서 다운로드 수, 소셜미디어 반응도, 설문조사 결과 변화 등이 활용될 수 있다.

달성 가능해야 한다(Achievable) 달성 가능한 범위에서 목표를 설정하는 것이 중요하다. 과도하게 높은 목표는 동기 저하를 유발할 수 있다.

관련성이 있어야 한다(Relevant) ESG 목표와 전체 목표가 긴밀하게 연결돼야 한다. 커뮤니케이션 목표는 조직의 전략적 방향과 일치해야 한다.

시간 제한이 있어야 한다(Time-bound) "2025년 말까지"같이 구체적인 마감 시한을 설정해 책임감을 높일 수 있다.

타깃 오디언스(이해관계자) 설정

효과적 ESG커뮤니케이션을 위해서는 누구에게 메시지를 전달할 것인지, 타깃 이해관계자를 명확하게 설정하는 것이 필수적이다. 각 오디언스의 특성과 니즈를 파악하는 것은 맞춤형 커뮤니케이션 전략 수립의 핵심이다. 주요 이해관계자에는 투자자, 고객, 직원, 지역사회, 정부 및 규제 기관, NGO, 언론 등이 있다. 이해관계자 집단의 관심사, 정보 습득 채널, 선호하는 커뮤니케이션 방식 등을 분석하는 과정이 필요하다. 이해관계자별로 구체적인 커뮤니케이션 목표를 설정하고 그들의 특성에 맞는 메시지와 채널을 차별화하는 접근 방식이 효과적이다.

핵심 메시지 정의

타깃 이해관계자에게 전달하고자 하는 핵심적 ESG 메시지는 명확하고 간결하게 정의돼야 한다. ESG경영 철학, 핵심 가치, ESG 관련 약속을 강조하는 것이 중요하다. 경쟁사와 차별화되는 ESG 강점과 성과를 부각해야 한다. 객관적 데이터와 구체적 사례를 기반으로 메시지를 구성해 신뢰성과 설득력을 높일 수 있다. 다양한 커뮤니케이션 채널을 통해 일관된 메시지를 전달돼야 혼란을 방지하고 메시지의 영향력을 강화할 수 있다.

커뮤니케이션 채널 및 방법 결정

설정된 목표, 타깃 오디언스, 핵심 메시지를 효과적으로 전달하기 위해서는 최적의 커뮤니케이션 채널과 방법을 결정해야 한다. 다양한 커뮤니케이션 채널(자사 홈페이지, 지속가능경영보고서, 보도자료, 소셜미디어, IR 자료, 설명회, 광고, 사내 커뮤니케이션 채널, NGO 협력 등)의 특징과 장단점을 분석하는 과정이 필요하다. 각 타깃 오디언스가 이용하는 채널을 파악해 효과적인 채널 조합을 구성해야 한다. 메시지의 내용과 형식에 적합한 채널을 선택하는 것이 중요하다. 정보 제공, 스토리텔링, 양방향 소통, 시각자료 활용 등 다양한 방법을 고려해 메시지 전달 효과를 높일 수 있다. 다양한 채널과 방법을 유기적으로 연결하는 커뮤니케이션은 시너지효과를 창출하고 일관된 메시지를 효과적으로 전달한다.

실행

ESG커뮤니케이션 성과관리 과정의 하나인 ESG커뮤니케이션 실행은 앞서 수립된 목표와 전략을 바탕으로 이해관계자들에게 ESG 정보를 커뮤니케이션하는 모든 활동을 포함한다. 다양한 채널과 방법을 활용해 목표 오디언스에게 수립된 목표와 전략을 현실로 옮기는 과정이자 성과를 만들어내는 단계다. ESG커뮤니케이션 실행은 정보 콘텐츠 제작 및 관리, 채널 운영 및 관리, 메시지 전달 및 확산, 위기 커뮤니케이션 대응, 실행 과정 모니터링 및 관리 등이 포함된다. 이 부분이 성과관리에서 중요한 이유는 다음과 같다.

실질적 커뮤니케이션 목표 달성 과정

훌륭한 목표와 전략을 세웠더라도 실행되지 않으면 효과를 확인할 수 없다. ESG커뮤니케이션 실행은 설정된 구체적 목표(ESG경영에 대한 이해관계자의 인식 개선, 지속가능경영 노력에 대한 신뢰도 향상, 특정 ESG 이슈에 대한 긍정적 여론 형성 등)를 실질적 활동을 통해 달성해 나가는 과정이다. 성과를 측정하고 관리하기 위해서는 실행 단계가 포함돼야 한다.

커뮤니케이션 성과 측정 기반

실행 단계에서 이루어지는 다양한 커뮤니케이션 활동은 성과 평가를 위한 데이터의 원천이다. 예컨대, 보고서 발간 건수, 소셜미디어 게시글 도달률, 언론보도 횟수 등은 실행의 결과를 나타내는 'output' 지표이며 이러한 활동이 이해관계자의 인식 변화(ESG경영에 대한 인지도 상승), 태도 변화(기업의 지속가능성에 대한 긍정적 인식 증가), 행동 변화(ESG 관련 제품 구매 증가, 투자 확대) 등 'outcome'을 측정하는 데 활용된다.

실행 과정은 전략이 실제 상황에서 얼마나 효과적인지 보여주는 과정이다. 계획한 채널을 통해 메시지가 제대로 전달되는지, 예상한 반응이 나타나는지 등을 확인해 전략의 적절성을 검증할 수 있다. 실행 과정에서 예상치 못한 문제나 비효율이 발생하면 이는 전략 수정의 필요성을 시사하며 성과관리의 중요한 피드백 루프를 형성한다.

이해관계자와 관계 형성, 강화

ESG커뮤니케이션 실행은 정보를 전달하는 것을 넘어 다양한 이해관계자와 실질적 관계를 형성하고 강화하는 기회를 제공한다. 예컨대, 설명회 개최, 소셜미디어 소통, 언론과의 관계 구축 등을 통해 신뢰를 쌓고 긍정적 평판을 구축할 수 있다. 장기적 관점에서 기업의 ESG 성과에 긍정적 영향을 미치므로 성과관리의 중요한 측면으로 고려된다.

성과 평가, 개선, 피드백

ESG커뮤니케이션 성과 평가, 개선 및 피드백 단계는 ESG커뮤니케이션을 지속적으로 발전시키고 최적화하는 핵심적 역할을 한다. 이는 ESG커뮤니케이션 활동이 목표로 한 성과를 달성했는지 객관적으로 측정하고 평가하는 것에서 시작해 평가 결과를 바탕으로 커뮤니케이션 전략 및 실행 방안을 개선하고 이해관계자들의 피드백을 수렴해 향후 활동에 반영하는 순환 과정이다.

ESG커뮤니케이션 성과 평가

이 단계에서는 이전 설정했던 ESG커뮤니케이션 목표를 달성했는지 여부를 다양한 지표를 활용해 객관적으로 측정하고 평가한다. 평가는 정량적 데이터와 정성적 데이터를 모두 포괄하며 다음과 같은 요소들을 포함할 수 있다. 평가는 활동량 측정을 넘어 ESG경영의 실질적 변화와 이해관계자들의 인식과 행동 변화에 초점을 맞춘다. 도달률 및 인지도, 이해 및 태도 변화, 참여 및 행동 변화, 평판 및 신뢰도 변화 등을 측정해 ESG커뮤니케이션의 효과를 종합적으로 평가하는 것이 중요하다.

도달률과 인지도 측정: 웹사이트 트래픽, 소셜미디어 도달 및 노출, 보도자료 배포 현황, 광고 시청률 등을 분석해 메시지가 얼마나 많은 이해관계자에게 도달했는지, 인지도를 얼마나 높였는지 평가한다.

이해와 태도 변화 측정: 설문조사, 인터뷰, 포커스그룹 인터뷰 등을 통해 이해관계자들이 ESG 정보에 대해 얼마나 이해하고 있는지, 기업의 ESG 노력에 대한 태도 변화는 어떻게 나타났는지 측정한다.

참여 및 행동 변화 측정: 웹사이트 내 ESG 관련 페이지 방문 시간, 보고서 다운로드 수, 소셜미디어 댓글 및 공유, ESG 관련 이벤트 참여율, 제품 구매 변화 등 이해관계자들의 참여도 및 행동 변화를 분석한다.

평판 및 신뢰도 변화 측정: 뉴스, 소셜미디어 언급, 온라인커뮤니티 반응 등을 분석해 기업의 ESG 관련 평판 변화를 파악하고 이해관계자들의 신뢰도 변화를 측정한다.

목표 달성률 평가: 설정했던 SMART 목표(구체성, 측정 가능성, 달성 가능성, 관련성, 시간 제약)를 기준으로 각 목표의 달성 정도를 평가한다.

ESG커뮤니케이션 개선

성과 평가 결과를 심층적으로 분석해 성공적인 부분은 강화하고 미흡하거나 개선이 필요한 부분은 파악한다. 이를 바탕으로 ESG경영 목표 달성에 더욱 효과적으로 기여하도록 커뮤니케이션 전략, 메시지, 채널, 실행 방법 등을 수정하고 보완한다.

성공 요인 분석 및 강화: 목표 달성에 긍정적 영향을 미친 요인을 분석해 향후 커뮤니케이션 활동에 활용하고 강화한다.

실패 요인 분석 및 개선: 목표 달성에 미흡했던 요인을 분석해 원인을 파악하고 같은 문제가 재발하지 않도록 커뮤니케이션 전략 및 실행 방안을 수정한다.

새로운 전략 및 방법 모색: 변화하는 환경과 이해관계자들의 요구에 맞춰 새로운 커뮤니케이션 전략이나 채널, 콘텐츠 형식 등을 도입한다.

비효율적 요소 제거: 성과에 기여하지 못하거나 효율성이 낮은 커뮤니케이션 활동은 축소하거나 중단하고 자원을 효과적인 영역에 집중한다.

피드백

커뮤니케이션 활동 결과에 대한 이해관계자들의 다양한 의견과 반응을 수렴하고 분석해 향후 ESG커뮤니케이션 활동에 반영한다.

공식 채널 활용: 웹사이트 문의, 이메일, 설문조사, 소셜미디어 댓글 등 공식 채널을 통해 접수되는 이해관계자들의 피드백을 체계적으로 관리하고 분석한다.

비공식 채널 모니터링: 기사 댓글, 온라인커뮤니티 게시글, 소셜미디어 언급 등 비공식 채널에서 나타나는 이해관계자들의 반응을 주의 깊게 모니터링하고 분석한다.

피드백 반영 프로세스 구축: 수렴된 피드백을 검토하고 타당한 의견은 커뮤니케이션전략과 실행 계획에 반영하는 명확한 프로세스를 구축한다.

피드백 제공자에 대한 소통: 이해관계자들의 피드백에 대해 적절한 답변이나 조치를 취하고 그 결과를 공유해 소통의 신뢰성을 높인다.

E

S

G

AI시대
ESG커뮤니케이션

어떻게 달라질까
커뮤니케이션 방식의 근본적 변화

이해관계자들이 기업의 영향에 대한 더 큰 투명성과 책임성을 요구함에 따라 AI와 ESG커뮤니케이션의 교차점은 중요한 관심 분야로 부상하고 있다. ESG커뮤니케이션은 AI기술의 발전에 힘입어 현재와는 확연히 다른 모습으로 진화할 것이다. AI는 데이터 수집·분석·검증, 개인 맞춤화, 실시간 정보 제공, 예측 능력 등을 통해 ESG커뮤니케이션의 투명성, 신뢰성, 효율성, 이해관계자와의 커뮤니케이션 방식을 근본적으로 변화시킬 것이다.

ESG커뮤니케이션과 관련된 AI기술이 급속히 발전하고 있다. 데이터 분석 및 패턴 인식 기능을 통해 AI시스템은 대규모 데이터 세트에서 추세와 통찰력을 식별할 수 있다. 자연어 처리(NLP)를 통해 AI는 인간과 유사한 텍스트를 이해하고 생성할 수 있으므로 보고서 작성 및 챗봇 상호작용 같은 작업이 용이해지고 있다. AI의 하위 집합인 머신러닝(ML)을 통해 시스템은 데이터로부터 학습할 수 있으므로 예측 분석 및 자동화된 의사결정, 학습한 데이터를 기반으로 텍스트 요약 및 보고서 초안과 같은 새로운 콘텐츠를 생성할 수 있다. AI의 핵심 강점인 반복적인 작업의 자동화는 ESG 데이터 관리 및 보고의 효율성을 크게 향상시킬 수 있다. 마지막으로 컴퓨터 비전을 통해 AI는 이미지와 비디오를 분석할 수 있으며 이는 환경 조건을 모니터링하거나 사회적 영향을 평가하는 데 유용할 수 있다. AI의 기본적인 장점은 인간의 능력보다 훨씬 빠른 속도와 규모로 방대한 양의 데이터를 처리하고 분석하며 숨겨져 있을 수 있는 패턴과 관계를 발견할 수 있다.

AI기술의 발전은 ESG커뮤니케이션에서 계획을 세우는 단계부터 실제 활동을 하는 단계까지 ESG커뮤니케이션의 전 과정에 걸친 지대한 영향을 미치고 있다.

초개인화된 맞춤형 커뮤니케이션이 보편화될 것이다

미래에는 AI가 개인의 관심사와 상황을 실시간으로 파악해 필요한 ESG 정보를 선제적으로 제공하는 시대가 열릴 것이다. AI는 각 이해관계자의 특성, 관심사, 정보 접근 방식 등을 심층적으로 분석해 개인에게 최적화된 ESG 정보를 제공할 수 있다. 예컨대, 특정 소비자가 친환경 제품에 높은 관심을 보이면 AI는 해당 소비자가 방문하는 웹사이트나 사용하는 앱에서 관련 제품 정보를 자동으로 추천하거나 맞춤형 광고를 통해 정보를 제공할 수 있다.

투자자가 특정 기업의 탄소배출량 감축 계획에 대해 질문하면 AI는 최신 보고서와 기사를 분석해 실시간으로 답변을 제공하고 전문가와의 연결을 제안할 수도 있다. AI는 정보 탐색의 번거로움을 줄이고 개인에게 최적화된 ESG 정보를 적시에 제공해 정보 접근성을 혁신적으로 향상시킬 것이다.

AI와 결합된 ESG커뮤니케이션은 투자자에게는 재무적 성과와 연관된 ESG 지표를 강조하고 소비자에게는 친환경제품 정보나 사회적 책임 활동을 부각하는 등 개인별 맞춤형 보고서, 뉴스레터, 알림 등이 일상화될 것이다.

다양한 ESG 메시지 전략이 용이해진다

미래에는 AI가 기업의 ESG활동이 사회와 환경에 미치는 영향을 더욱 정확하게 측정하고 다양한 시각적 형태로 제공해 이해관계자의 이해도와 공감대를 높일 것이다. 수치화된 데이터를 나열하는 것을 넘어 AI는 인포그래픽, 인터랙티브 차트, 데이터 스토리텔링 등 다양한 방식을 활용해 ESG 성과를 직관적으로 보여줄 수 있다.

예컨대, 특정 기업의 사회공헌활동이 지역사회에 미친 긍정적 변화를 데이터와 함께 시각적으로 제시하거나 탄소배출량 감축 노력이 지구 온도 상승 억제에 얼마나 기여하는지를 실감나게 보여줄 수 있다. 이는 이해관계자들이 기업의 ESG활동의 진정한 가치를 인식하고 긍정적 변화를 체감하도록 도울 것이다.

선제적이고 예측 가능한 커뮤니케이션이 가능해진다

AI는 방대한 데이터를 실시간으로 분석해 잠재적 ESG리스크를 예측하고 이에 대한 정보를 선제적으로 이해관계자에게 제공할 수 있다. 예컨대, 기후변화로 인한 특정 지역의 위험 증가 가능성을 예측해 관련 정보를 미리 공유하고 대비책을 제시할 수 있다.

실시간 커뮤니케이션

AI 기반 플랫폼은 ESG 데이터를 실시간으로 업데이트하고 시각화해 이해관계자들이 언제든 원하는 정보를 확인하고 분석하도록 지원할 것이다. 데이터는 사용자의 필요에 따라 맞춤형으로 필터링되고 조합돼 제공될 수 있다.

몰입감 있는 경험 중심 커뮤니케이션 확대

AI는 가상현실(VR), 증강현실(AR) 기술과 결합해 이해관계자들이 기업의 ESG활동 현장을 가상으로 체험하거나 데이터 시각화를 통해 정보를 더욱 직관적으로 이해하도록 지원할 것이다. 예컨대, VR기술을 통해 소비자는 기업의 지속가능한 제품 생산 과정을 가상으로 체험하고 윤리적인 원재료 조달 과정을 눈으로 확인할 수 있다. AR기술은 스마트폰 카메라를 통해 특정 제품의 ESG 정보를 현실세계에 겹쳐 보여 주거나 제품의 탄소발자국을 시각적으로 안내할 수 있다. 메타버스 플랫폼에서는 ESG 관련 가상공간을 구축해 이해관계자들과 소통하고 ESG캠페인을 진행하며 지속가능한 미래에 대한 아이디어를 공유하는 토론회를 개최할 수도 있다. 몰입형 경험은 ESG에 대한 이해와 공감을 높이고 적극적 참여를 유도할 것이다.

쌍방향커뮤니케이션

이해관계자와의 심층적 대화가 활성화될 것이다. AI챗봇은 실시간으로 질문에 응답하고 맞춤형 정보를 제공해 커뮤니케이션의 효율성을 높일 것이다. AI 기반의 플랫폼은 기업과 이해관계자 간 쌍방향소통을 촉진하고 AI는 대화 내용을 분석해 주요 관심사를 파악하고 기업의 대응 전략 수립에 활용되도록 지원할 것이다.

검증 자동화와 신뢰성 확보

AI는 ESG 데이터의 정확성을 자동으로 검증하고 블록체인 같은 기술과 연동해 데이터의 위변조 가능성을 원천적으로 차단해 정보의 신뢰도를 획기적으로 높일 것이다. 이는 ESG위싱을 방지하고 진정성 있는 ESG커뮤니케이션을 가능하게 한다.

스마트기술과 연계 강화

AI 기반 ESG 정보는 스마트폰, 웨어러블기기, 스마트홈시스템 등 다양한 스마트기기를 통해 개인에게 맞춤형으로 제공될 수 있으며 사용자의 일상 속에서 ESG 관련 의사결정을 지원할 것이다.

활동 → 영향·성과 ⋯ 커뮤니케이션 초점 이동

AI는 ESG활동의 나열이 아니라 실제적인 사회적·환경적 영향과 성과를 측정하고 이를 효과적으로 전달하는 데 중요한 역할을 할 것이다. 데이터 기반의 객관적 성과 지표는 이해관계자들의 신뢰를 높이는 데 기여할 것이다.

미래 AI 기반 ESG커뮤니케이션은 더욱 개인화되고 데이터 검증이 강화되고 예측 가능하며 실시간으로 정보를 제공하고 상호작용적이며 신뢰할 수 있는 형태로 발전해 기업과 이해관계자 간 더욱 긴밀하고 효과적인 커뮤니케이션을 가능하게 할 것이다.

AI 활용 ESG커뮤니케이션

몇몇 선구적 기업은 AI의 힘을 활용해 ESG커뮤니케이션 전략을 강화하고 있다. 이 중요한 영역에 AI를 통합해 얻을 수 있는 다양한 응용 분야와 실질적 이점을 보여준다.

AI 애플리케이션	특정 사용 사례	이점
ESG 보고 생성형 AI	배출, 폐기물 및 여행 관련 지속가능성 지표 분석: 자동화된 보고서 생성	더 빠른 통찰력, 고객 데이터 요청에 대한 신속한 대응, 효율적인 내부 보고
공급망 ESG 모니터링 AI	공급업체 탄소배출량, 노동 관행·환경 규정 준수 추적	실시간 통찰력, 사전 위험 식별, 데이터 정확도 향상
ESG 데이터 유효성 검사 AI	데이터 상호 검증, 불일치 식별, 데이터 무결성 보장	오류 감소, ESG 보고의 신뢰성 향상
탄소발자국 계산 AI	다양한 소스 데이터 분석 스코프3 배출량 정확하게 계산	환경 영향에 대한 포괄적 이해, 감축 영역 식별
공급업체 위험평가 AI	뉴스, 소셜미디어, 규제 문서 모니터링, 잠재적 ESG 위험 파악	공급업체 관련 위험 사전 식별 및 완화
ESG보고서 생성·규정 준수 AI	GRI, CSRD 같은 프레임워크 기반 보고서 생성 자동화: 규정 준수 보장	행정적 부담↓, 정확도↑ 규정 미준수 위험 최소화
이해관계자 참여 AI (챗봇)	ESG 성과에 대한 이해관계자 질문에 즉각적 답변 제공	투명성 향상, 대응력 향상, 문의 효율적 처리

에너지저장솔루션업체 A사는 ChatGPT Enterprise 버전을 활용해 배출, 폐기물 및 여행과 관련된 지속가능성 지표를 분석한다. 이를 통해 팀은 수동 데이터 분석보다 훨씬 빠르게 실행 가능한 통찰력을 얻을 수

있다. 이 시스템은 고객 데이터 요청에 자동으로 응답하고 내부 보고서를 생성한다. 다양한 산업 분야에서 AI는 복잡한 공급망 전체의 ESG 성과를 모니터링하는 데 사용되고 있다. 여기에는 운송 및 제조에서 발생하는 탄소배출량 추적, 공급업체 시설의 노동 관행 모니터링, 환경규정 준수 보장이 포함된다.

AI 기반 시스템은 수집된 방대한 양의 ESG 데이터를 검증하고 다양한 소스의 정보를 상호 참조해 불일치를 식별하고 보고된 데이터의 무결성을 보장하는 데도 사용되고 있다. AI는 가치사슬 전반의 다양한 소스에서 데이터를 분석해 파악하기 어려운 스코프3 배출량을 포함해 회사의 탄소발자국을 정확하게 계산하는 데 중요한 역할을 한다.

공급업체 위험평가는 AI가 상당한 기여를 하고 있는 또 다른 영역으로 알고리즘이 뉴스, 소셜미디어, 규제문서를 지속적으로 모니터링해 회사의 공급업체와 관련된 잠재적 ESG 위험을 식별한다.

ESG보고의 경우 AI 도구는 GRI 및 CSRD 같은 특정 프레임워크를 준수하는 보고서 생성을 자동화해 필요한 모든 공개 사항이 포함되고 보고서가 규제 요구 사항을 충족하도록 보장한다. 어떤 기업은 일반적인 ESG 관련 질문에 대한 즉각적이고 정확한 답변을 제공해 이해관계자 참여를 강화하기 위해 AI 기반 챗봇 사용을 모색하고 있다.

이러한 사례는 프로세스를 간소화하고 정확성을 개선하며 ESG 영역에서 커뮤니케이션을 향상시키는 데 AI를 활용해 얻을 수 있는 이점을 보여준다.

도전과제
윤리적·효과적 활용 방안

AI 기반 ESG커뮤니케이션은 많은 가능성을 제시하지만 해결해야 할 도전과제들도 안고 있다. 이를 극복하고 AI기술을 윤리적이고 효과적으로 활용해야 ESG커뮤니케이션의 잠재력을 최대한 발휘할 수 있다.

데이터 오용과 프라이버시 및 보안 문제

AI 기반 개인 맞춤형 커뮤니케이션은 방대한 양의 개인 데이터를 수집하고 분석하는 것을 전제로 한다. 데이터의 수집, 저장, 활용 과정에서 발생할 수 있는 데이터 오용 및 프라이버시 침해, 보안 위협에 대한 철저한 대비가 필요하다. 데이터 익명화, 암호화, 접근 권한 관리 등 기술적 및 관리적 보안 조치가 강화돼야 한다.

알고리즘 편향성과 공정성 확보의 어려움

AI 알고리즘은 학습 데이터에 내재된 편향성을 그대로 반영할 수 있다. 이는 특정 집단에 불리한 정보가 제공되거나 차별적인 결과가 나타나는 문제로 이어질 수 있다. ESG커뮤니케이션에서 AI를 활용할 때 이러한 편향성을 지속적으로 감시하고 해결하기 위한 노력이 필수적이다. 다양한 데이터 소스를 활용하고 편향성 완화 기술을 적용하며 전문가의 검토를 통해 AI 시스템의 공정성을 확보해야 한다.

정보 과부하와 필터링 문제

AI가 개인 맞춤형 정보를 제공하는 것은 긍정적이지만 과도한 정보 제공은 오히려 이해관계자들의 피로감을 유발하고 중요한 정보를 놓치게 할 수 있다. 효과적인 정보 필터링과 요약 기술 개발이 요구된다.

필터버블현상 심화

AI 기반 추천 시스템은 사용자의 관심사에 부합하는 정보만 제공해 다양한 관점이나 비판적 시각에 대한 노출을 제한할 수 있다. 이는 ESG 이슈에 대한 균형 잡힌 이해를 저해할 수 있으므로 다양한 정보를 제공하려는 노력이 필요하다.

기술 격사와 섭근성 불생능

AI기술 도입과 활용 능력은 기업 규모나 기술 수준에 따라 큰 차이를 보일 수 있다. 이는 AI 기반 ESG커뮤니케이션에서도 기업 간 격차를 심화시키고 정보 접근성의 불균형을 초래할 수 있다. 정부 및 관련 기관에서는 AI기술 도입과 활용을 위한 교육프로그램과 인프라 지원을 확대해 이러한 디지털 격차를 해소하기 위한 노력을 기울여야 한다.

기존 워크플로우와 통합 문제

새로운 AI 기반 시스템을 기존의 ESG커뮤니케이션 프로세스에 효과적으로 통합하고 운영하는 것은 또 다른 도전과제다. 기존 시스템과의 호환성 문제, 데이터 이전 및 관리의 어려움, 새로운 기술에 대한 직원 교육 및 적응 등 다양한 측면을 고려해 신중하게 통합 전략을 수립하고 실행해야 한다. 점진적 도입과 함께 충분한 테스트와 피드백 과정을 거치는 것이 중요하다.

AI에 대한 신뢰와 블랙박스 문제

AI가 제공하는 정보의 출처, 분석 과정 등이 투명하게 공개되지 않으면 이해관계자들이 AI를 신뢰하기 어려울 수 있다. 알고리즘의 작동 방식을 설명하고 정보의 신뢰성을 입증할 방안 마련이 필요하다.

구현과 유지보수 비용 부담

AI 기반 ESG커뮤니케이션 시스템을 개발하고 유지하는 데 상당한 비용이 소요될 수 있다. 중소기업에게는 부담이다.

가짜뉴스와 ESG워싱

AI기술은 정교한 가짜뉴스를 생성하고 유포하는 데 악용될 수 있으며 ESG워싱을 교묘하게 위장하는 데 사용될 수도 있다. 기업은 AI 기반의 허위 정보 확산에 대한 경각심을 가지고 검증 시스템 구축, AI 활용에 대한 윤리적 가이드라인 마련과 엄격한 규제로 이러한 위협에 대응해야 한다. AI를 활용해 ESG워싱을 자동으로 감지하고 차단하는 기술 개발도 중요하다.

AI는 ESG커뮤니케이션의 혁신을 가속화하고 지속가능한 미래를 만들어가는 데 없어서는 안 될 핵심 도구가 될 것이다. AI는 방대한 데이터를 분석해 숨겨진 가치를 발견하고 개인 맞춤형 소통을 통해 이해관계자의 참여를 유도하며 정보의 투명성과 신뢰성을 높이는 데 강력한 힘을 발휘할 수 있기 때문이다.

그만큼 AI기술의 발전과 함께 윤리적이고 책임감 있는 활용에 대한 고민이 깊어져야 한다. 알고리즘의 편향성, 데이터 오용, 개인 정보 침해 등 AI가 야기할 수 있는 잠재적 위험을 인지하고 기술과 윤리의 균형점을 찾는 방법과 노력이 전제돼야 한다.

AI시대 커뮤니케이션 담당자는 AI기술과 ESG커뮤니케이션을 융합해 투명하고 효과적이며 신뢰받는 ESG생태계를 구축해야 한다. AI가 많은 부분을 자동화하지만 최종 판단과 책임은 인간에게 있다. AI 시스템 오작동과 윤리적 문제를 막기 위해 인간의 감독과 통제가 필수적이다. 이 도전과제들을 해결해 나갈 때 AI는 ESG커뮤니케이션을 한 단계 더 발전시키고 지속가능한 사회를 만드는 데 기여할 것이다.

전문가 역할
감정과 가치에 대한 깊은 이해

전략적 리더십 부상

AI기술은 ESG커뮤니케이션 전문가 역할을 기술의 영역이 아닌 전략적 영역으로 강화하고 있다. AI가 ESG커뮤니케이션의 효율성을 극대화하고 다양한 기능을 수행하게 됨에 따라 기술적 역량을 중심으로 업무를 수행해 온 ESG커뮤니케이션 실무자의 역할은 상당 부분 AI가 차지하게 될 것이다. AI는 방대한 데이터를 분석하고 정형화된 보고서를 자동으로 생성하며 개인 맞춤형 메시지 제작해 발송하는 등 커뮤니케이션 기술 영역의 많은 작업을 효율적으로 처리할 수 있기 때문이다.

AI기술 발전은 ESG커뮤니케이션 담당자에게 기술 중심의 업무 변화를 넘어 전략적 리더십의 부상이라는 기회를 제공한다. AI는 데이터 분석을 통해 새로운 통찰력과 정보를 제공해 전략 수립을 지원하지만 궁극적 방향 설정과 리더십은 커뮤니케이션 전문가의 몫이기 때문이다. 예컨대, AI는 특정 ESG 이슈에 대한 대중의 반응을 실시간으로 분석해 커뮤니케이션 전략의 방향을 제시하는 데 도움을 줄 수 있지만 그 정보를 바탕으로 어떤 전략을 최종적으로 선택하고 실행할지는 전문가의 판단에 달렸다. ESG커뮤니케이션 실무자는 기술적 영역이 아니라 전략적 부분의 역할이 더욱 부각될 것이다.

AI는 강력한 커뮤니케이션 전략 수립과 실행을 위한 도구이지만 기업의 전반적인 ESG경영 목표와 방향을 깊이 이해하고 이에 부합하는 장기적인 커뮤니케이션 전략을 결정하는 것은 AI의 영역이 될 수 없다. 어떤 메시지를 어떤 대상에게 어떤 방식으로 전달해 원하는 효과를 창출할 것인가에 대한 전략적 판단은 AI가 대체할 수 없는 커뮤니케이션 전문가의 핵심 역량이기 때문이다. ESG 이슈를 다양한 이해관계자와의 복잡한 상호작용 속에서 파악하고 장기적 관점에서 해결책을 모색하는 전략적이고 체계적인 사고능력이 더욱 중요해질 것이다.

전략적 사고와 목표 설정

AI는 데이터를 기반으로 분석하고 미래를 예측할 수 있지만 기업의 핵심 가치와 ESG경영 철학을 바탕으로 장기적인 커뮤니케이션 목표를 설정하고 이를 달성하기 위한 효과적 전략을 판단하는 것은 커뮤니케이션 전문가의 몫이다. AI는 전략적 판단을 위한 분석 데이터를 제공하지만 데이터 분석의 방향을 설정하고 전략을 판단하는 것은 커뮤니케이션 전문가가 수행한다.

맥락적 이해와 상황 판단

ESG커뮤니케이션은 복잡하게 얽힌 사회적, 정치적, 문화적 맥락을 이해하고 급변하는 상황에 유연하게 대처하는 능력이 요구된다. AI는 방대한 데이터를 분석할 수 있지만 미묘한 사회적 분위기를 감지하고 잠재적 위험 요인을 간파하며 위기상황에 효과적으로 대응하는 전략적 판단은 커뮤니케이션 전문가의 경험과 통찰력에서 비롯된다.

이해관계자와의 관계 구축과 공감능력

ESG커뮤니케이션의 궁극적 목표는 다양한 이해관계자와 신뢰를 구축해 ESG 목표를 달성하는 것이다. AI는 데이터 기반으로 기본적인 텍스트나 시각자료를 생성할 수 있고 향후 기술 발전이 인간의 감성을 자극하고 깊은 공감을 불러일으키는 창의적 콘텐츠를 기획하고 설득력 있는 스토리를 구성하는 능력까지 발전한다 해도 기업의 진정성을 보여주고 이해관계자의 마음을 움직이는 디테일한 커뮤니케이션은 AI가 아닌 커뮤니케이션 전문가의 역할이다.

윤리적 판단과 위기관리

AI는 특정 패턴을 분석해 위험을 예측할 수 있지만 복잡한 윤리적 딜레마 상황에서 올바른 결정을 내리고 위기상황 발생 시 침착하고 효과적으로 대응하는 것은 커뮤니케이션 전문가의 역할이다. AI가 생성한 정보의 편향성 문제, 데이터 프라이버시 침해 가능성 등 AI기술 활용 과정에서 발생할 수 있는 윤리적 문제에 대한 깊이 있는 고민과 판단 역시 전문가의 몫이다. ESG 이슈는 종종 첨예한 이해관계의 충돌을 야기하며 이때 커뮤니케이션 전문가의 전략적 리더십과 상황판단력은 더욱 중요하게 작용한다.

인간의 감정과 가치에 대한 깊은 이해

ESG커뮤니케이션은 결국 인간의 가치와 사회적 기대에 부응하는 것을 지향한다. AI는 방대한 데이터를 분석해 사회적 흐름을 파악할 수 있지만 인간의 복잡하고 미묘한 감정과 도덕적 가치를 깊이 이해하고 이에 맞는 공감 기반의 메시지를 개발하는 것은 커뮤니케이션 전문가의 핵심 역량이다.

새로운 트렌드와 기술에 대한 전략적 적용

AI기술은 빠르게 발전하고 있으며 ESG커뮤니케이션 환경 또한 변화하고 있다. 새로운 트렌드를 신속하게 파악하고 혁신적 커뮤니케이션 방식을 선제적으로 모색하며 AI기술을 전략적으로 활용해 커뮤니케이션 효과를 극대화하는 것은 커뮤니케이션 전문가의 역할이다. 예컨대, 자연어처리(NLP)기술을 활용한 감성 분석이나 이미지 인식 기술을 활용한 환경 모니터링 데이터 분석 등 어떤 AI기술을 통해 커뮤니케이션 전략의 효과를 높일 것인가는 커뮤니케이션 전문가의 몫이다.

AI는 ESG커뮤니케이션 업무의 기술적 효율성과 효과성을 극대화하는 강력한 협력 도구임이 분명하다. 이는 커뮤니케이션 기술자로서의 역할은 쇠퇴하고 커뮤니케이션 전략가의 역할이 부상할 것임을 말해준다. 데이터 분석 및 해석의 방향 설정, 전략 구상, 전략적 판단 등 핵심적 영역에서는 여전히 커뮤니케이션 전문가의 역할이 더욱 중요해질 것이다. 복잡하게 얽힌 ESG 이슈를 장기적 관점에서 이해하고 해결하는 전략적이고 체계적 사고 AI 활용 과정에서 발생할 수 있는 윤리적 문제에 대한 깊이 있는 고민, 새롭게 등장하는 AI기술을 전략적으로 활용하는 능력은 ESG커뮤니케이션 전문가에게 필수 역량이 될 것이다. ESG커뮤니케이션 전문가는 AI를 기술적 조력자를 넘어 효과적인 커뮤니케이션을 위한 전략적 사고와 통찰력을 높이는 전략적 파트너로 만들어 나가야 할 것이다.

AI기술의 발전은 ESG커뮤니케이션 전문가에게 다음과 같은 새로운 역할과 책임을 요구한다.

데이터 리터러시와 분석 능력

AI 도구가 생성하는 데이터를 이해하고 해석해 ESG커뮤니케이션 전략을 수립하는 능력은 필수적이다. 데이터를 읽는 것을 넘어 데이터에서 의미 있는 통찰력을 도출하고 이를 전략에 반영할 수 있어야 한다. 이는 데이터 기반의 의사 결정을 통해 더욱 효과적인 커뮤니케이션 전략을 가능하게 한다.

AI 및 디지털 커뮤니케이션 도구 활용 능력

데이터 분석, 콘텐츠 생성, 소셜미디어 관리 등 다양한 목적으로 활용되는 AI 플랫폼에 대한 숙련도가 요구된다. 새로운 기술과 도구를 빠르게 학습하고 적용하는 능력 또한 중요하다. 이는 효율적인 전략 실행을 위한 기반이 되며 데이터를 기반으로 한 다양한 커뮤니케이션 활동을 가능하게 한다.

ESG 원칙 및 프레임워크에 대한 깊은 이해

환경, 사회, 지배구조에 대한 깊이 있는 지식과 함께 GRI, SASB 등 ESG 보고 표준과 관련 규정에 대한 이해가 필수적이다. AI가 분석한 데이터를 ESG 프레임워크에 맞춰 해석하고 적용하는 것은 윤리적이고 책임감 있는 커뮤니케이션의 토대가 된다. 이는 데이터 분석 결과를 올바르게 해석하고 윤리적 관점에서 메시지를 구성하는 데 필수적이다.

윤리적 인식과 비판적 사고 능력

AI 기반 ESG커뮤니케이션과 관련된 윤리적 딜레마를 정확히 파악하고 해결할 수 있어야 한다. AI가 생성한 콘텐츠의 정확성과 잠재적 편향성을 비판적으로 평가하는 능력은 윤리적 커뮤니케이션을 위해 필수적이다. AI가 제공하는 데이터와 분석 결과에 대한 맹목적 신뢰를 경계하고 윤리적 관점에서 그 타당성을 검증하는 것이 중요하다.

스토리텔링과 커뮤니케이션 능력

다양한 이해관계자와 채널의 특성에 맞춘 메시지 역시 AI가 지원할 수 있지만 각 이해관계자의 감정을 이해하고 공감을 형성하며 궁극적으로 행동 변화를 유도하는 깊이 있는 메시지는 전문가의 역량이다. AI는 데이터 분석을 통해 스토리의 소재나 방향을 제시할 수 있지만 그 이야기에 인간적 매력과 설득력을 불어넣고 기업의 진심을 전달하는 것은 커뮤니케이션 전문가의 역할이다.

변화 관리와 협업 능력

급변하는 기술 환경에 유연하게 적응하고 데이터과학자, IT전문가 등 다양한 분야의 전문가들과 효과적으로 협력하는 능력은 효과적 전략 실행을 위해 중요하다. 데이터 기반의 전략 수립과 실행은 다양한 분야의 전문가들과 협업해 더욱 효과적으로 이루어질 수 있다.

AI기술은 ESG커뮤니케이션 전문가의 역할을 기술자 중심에서 데이터 기반 전략가, 디지털 채널 전문가, 윤리적 콘텐츠 관리자로 커뮤니케이션 전문가로 자리매김할 수 있는 변화를 가져오고 있다. AI시대 ESG커뮤니케이션 전문가는 데이터 분석 능력과 디지털기술 활용 능력을 갖추고 ESG 원칙에 대한 깊은 이해와 윤리적 책임을 바탕으로 ESG 경영의 투명성과 신뢰도를 높이는 데 더욱 중요한 역할을 수행해야 할 것이다. 결국 AI시대, ESG커뮤니케이션 전문가의 핵심은 데이터에 기반한 전략 수립 능력과 윤리적 책임감이다.

참고자료

딕스, B., 글루, J. L. G., & 로스, L. S. (2007). PR스타일가이드 (김영욱, 역). KPR.

Budtz, C. & Yakaboyln, B. (2004). Storytelling: Branding in Practice. Klaus Fog.

Blokdyk, G. (2021). Communication Audit: A Complete Guide-2020 Edition. 5STARCooks.

Carter, L. H. (2019). Persuasion: Convincing others when facts don't seem to matter. TarcherPerigee.

Friedman, J. (2020). Managing Sustainability: First Steps to Frist Class. Business Expert Press.

Grand View Research. (2024). ESG investing market size, share, & trends analysis report by type (ESG integration, impact investing, sustainable funds, green bonds), by investor types, by application, by region, and segment forecasts, 2024-2030.

Henderson, R. (2020). Reimaging Capitalism in a World on Fire. PublicAffairs.

Margretta, J. (2012). What Management is. Free Press.

Montgomery, C. A.(2012). The Strategist:be the leader your business needs.

Neumann, M., & Forthmann, J. (2024). ESG reporting in corporate communication: What the EU regulation means for corporate reporting. In S. Schmager, C. P. Hoffmann & S. Weinzierl (Eds.), The Springer handbook of corporate communication. Springer NatureHarperCollins.

Osnildo, R. (2024). Communicating the Value of ESG: A Practical Guide for Communications Strategy Consultants. Amazon Digital Services.

Smith,P. (2012). Lead with a story: a guide to crafting business narratives that captivate, convince, and inspire. AMACOM.

홍명표 (2024. 7. 23.). 유니레버, 97.5%의 벌채 없는 팜유 공급 달성…605억 평 모니터링. 임팩트온. https://www.impacton.net/news/articleView.html?idxno=12136

SK텔레콤 뉴스룸. (2023. 6. 8.). [숫자로 보는 ESG] 5년 연속 성장, 2022년 SKT가 창출한 사회적 가치는?. https://news.sktelecom.com/196199

SK하이닉스. (2022. 12. 26.). 글로벌 소통에 신뢰감을 더하다… SK하이닉스, 지속가능성 보고 시스템(SRS) 구축. https://news.skhynix.co.kr/post/srs_open

Allbirds. (n.d.). Sustainability. https://www.allbirds.com/pages/sustainability

Apple. (n.d.). Environmental progress report. https://www.apple.com/kr/environment/progress-report/

Ayers, E. (2024. 7. 17.). Strategies to enhance ESG reporting with stakeholder stories: And tools to make it happen. LinkedIn. https://www.linkedin.com/pulse/strategies-enhance-esg-reporting-stakeholder-stories-tools-erik-ayers-qgzoe

BloombergNEF. (2024). Energy Transition Investment Trends 2024. https://assets.bbhub.io/professional/sites/24/Energy-Transition-Investment-Trends-2024.pdf

BloombergNEF. (n.d.). Research. https://about.bnef.com/research/

BMW Group (2024). BMW Group Report 2023.
https://www.bmwgroup.com/content/dam/grpw/websites/bmwgroup_com/ir/downloads
/en/2024/gb/BMW-Group-Report-2023-en.pdf

BNP Paribas. (n.d.). Reports and publications.
https://group.bnpparibas/en/publications

Byrne, D. (n.d.). Why ESG communications are important.
The Corporate Governance Institute.
https://www.thecorporategovernanceinstitute.com/insights/guides/why-esg
-communications-are-important/?srsltid=AfmBOoo
-oPXQePnK1rB_2aQ8oGZcHpBhnp7E-CGQ1WvW6jNkH4jYcXRB

C3 AI. (2025. 1. 17). How Generative AI Enables Corporate ESG Reporting.
https://c3.ai/wp-content/uploads/2024/02/How-Generative-AI-Enables-Corporate-ESG
-Reporting_20231201.pdf?utmMedium=296aft

Climate Action: Addressing Misaligned Incentives and Unlocking Opportunities.
https://www.gsi-alliance.org/wp-content/uploads/2024/11/Transforming-Global-Finance
-for-Climate-Action.pdf

Corp Stage. (2024. 10. 12.). Empowering ESG Initiatives with AI: Trends and Innovations
in Data Analysis.
https://corpstage.com/empowering-esg-initiatives-with-ai-trends-and-innovations-in
-data-analysis-2/

Danone. (n.d.). Our purpose.
https://www.danone.com/about-danone/our-purpose.html

Delta Air Lines. (2024). Our approach to diversity, equity & inclusion.
https://esghub.delta.com/content/esg/en/2024/diversity-equity-inclusion.html

DoGood People. (n.d.). How to embed ESG into company culture through
internal communication.
https://www.dogoodpeople.com/sdg-guides/how-to-embed-esg-into-company-culture
-through-internal-sustainability-communication/

DoGood People. (n.d.). Success stories.
https://www.dogoodpeople.com/success-stories/

Ecoactive Tech. (2025. 4. 14). Revolutionizing ESG Reporting with AI: Opportunities
and Challenges.
https://ecoactivetech.com/revolutionizing-esg-reporting-with-ai-opportunities
-and-challenges/

Global Sustainable Investment Alliance (2023). Global Sustainable Investment Review 2022.
https://www.gsi-alliance.org/wp-content/uploads/2023/12/GSIA-Report-2022.pdf

Global Sustainable Investment Alliance. (n.d.). Reports.
https://www.gsi-alliance.org/members-resources/reports/

Henkel. (n.d.). Sustainability at Henkel: Ambition 2030+.

https://www.henkel.com/sustainability/strategy-and-ambitions/strategy-and-ambitions

Hyde, G(2023. 3. 14.). he difference between ESG and sustainability communications is more than just a report. Fintech Futures.
https://www.fintechfutures.com/sustainability/the-difference-between-esg-and-sustainability-communications-is-more-than-just-a-report

Iberdrola. (n.d.). Investors and shareholders: Sustainability and ESG.
https://www.iberdrola.com/investors-shareholders/sustainability-esg

Iberdrola. (n.d.). Sustainability and governance.
https://www.iberdrola.com/sustainability-and-governance

IKEA. (n.d.). Sustainability at IKEA.
https://www.ikea.com/global/en/our-business/sustainability/

IKEA. (n.d.). Materials.
https://www.ikea.com/global/en/our-business/sustainability/materials/

IKEA. (n.d.). Our culture and values.
https://www.ikea.com/global/en/our-business/our-culture-and-values/

ING. (n.d.). Our sustainable finance approach.
https://www.ing.com/Sustainable-banking/Our-sustainable-finance-approach.htm

Interface. (n.d.). Climate Take Back.
https://www.interface.com/apac/en-au/about/climate-take-back.html

Interface. (n.d.). Mission Zero.
https://www.interface.com/apac/en-au/about/mission-zero.html

https://www.ing.com/Sustainable-banking/Our-sustainable-finance-approach.htm

Interface. (n.d.). Our culture.
https://www.interface.com/apac/en-au/about/our-culture.html

KPMG. (2022). KPMG Survey of Sustainability Reporting 2022.
https://kpmg.com/xx/en/home/insights/2022/10/kpmg-survey-of-sustainability-reporting-2022.html

Lalley, M., & Courtenay-Morris, I. (2022. 10.). How to use storytelling to bring your ESG strategy to life. Prophet.
https://prophet.com/2022/10/how-to-use-storytelling-to-bring-your-esg-strategy-to-life/

Lamouille, P. (2025. 1. 28.). Beyond data: The power of narrative in ESG reporting. APLANET.
https://aplanet.org/resources/the-power-of-narrative-in-esg-reporting/

Lundin Foundation. (2023. 8. 23.). ESG and the role of storytelling.
https://www.lundinfoundation.org/news/in-the-news/esg-and-the-role-of-storytelling/

LUSH. (n.d.). Ethical buying. https://weare.lush.com/lush-life/ethical-buying/

LUSH. (n.d.). Our environmental policy.
https://www.lush.com/us/en_us/a/our-environmental-policy.

LUSH. (n.d.). Our impact reports: Leaving the world Lusher Than We Found It.

https://weare.lush.com/lush-life/our-impact-reports/leaving-the-world-lusher-than-we-found-it/.

Maersk. (n.d.). Sustainability reports and policies. https://www.maersk.com/sustainability/reports-and-policies

Manifest Climate. (2025. 2. 18.). How AI is improving ESG compliance and reporting: Use cases and benefits. https://www.manifestclimate.com/blog/ai-and-esg/

Marks & Spencer. (n.d.). Our M&S Plan A. Retrieved (2025. 6. 14.) from https://corporate.marksandspencer.com/sustainability/plan-a

Matos, P. (2025. 2. 28.). From boom to backlash: The evolving ESG narrative. European Corporate Governance Institute. https://www.ecgi.global/publications/blog/from-boom-to-backlash-the-evolving-esg-narrative

Microsoft. (n.d.). Environmental, Social, and Governance (ESG) at Microsoft. https://www.microsoft.com/en-us/corporate-responsibility/esg

Microsoft. (n.d.). Environmental sustainability. https://www.microsoft.com/en-us/corporate-responsibility/environmental-sustainability

Microsoft. (n.d.). Environmental blog. https://blogs.microsoft.com/environmental/ https://www.microsoft.com/en-us/corporate-responsibility/esg

Microsoft. (n.d.). Investor relations: Environmental, social, and governance (ESG). https://www.microsoft.com/en-us/investor/esg

MSCI. (n.d.). ESG research. https://www.msci.com/research-and-insights/esg-research

Nestlé. (n.d.). Responsible sourcing: Palm oil. https://www.nestle.com/csv/responsible-sourcing/palm-oil

Nestlé. (n.d.). Reports and publications. https://www.nestle.com/investors/publications

Nike. (n.d.). Impact. Retrieved (2025. 6. 14.), from https://purpose.nike.com/impact

Domino's. (n.d.). Our history. https://ir.dominos.com/investors/our-company/our-history/default.aspx

Oxean Cross | Comunicación Interna. (2024. 3. 22.). ESG criteria: how to promote them through internal communications. LinkedIn. https://www.linkedin.com/pulse/esg-criteria-how-promote-them-through-internal-communications-onotf

Patagonia. (n.d.). Our purpose. https://www.patagonia.com/our-purpose/ https://www.patagonia.com/stories/

Patagonia. (n.d.). Work with us. https://www.patagonia.com/work-with-us/

Patagonia. (n.d.). Worn Wear. https://wornwear.patagonia.com/

Plenty. (n.d.). Our mission. https://www.plenty.ag/our-mission

PwC. (2024). PwC's 27th Annual Global CEO Survey: ESG initiatives.

https://www.pwc.com/gx/en/ceo-agenda/ceo-survey/2024/key-findings/esg-initiatives.html

PwC. (n.d.). Sustainability. https://www.pwc.com/gx/en/services/sustainability.html

Ørsted. (n.d.). Sustainability at Ørsted.

https://orsted.com/en/our-business/sustainability

SAS. (n.d.). Sustainability at SAS. https://www.sasgroup.net/sustainability/

Segal, M. (2024. 10. 8.). Most CEOs sticking with climate strategies,
but changing how they communicate it: KPMG Survey. ESG Today.

https://www.esgtoday.com/most-ceos-sticking-with-climate-strategies-but-changing-how
-they-communicate-it-kpmg-survey/

Siemens. (n.d.). Sustainable supply chain.

https://www.siemens.com/global/en/company/sustainability/sustainable-supply-chain.html

Starbucks. (2023). Starbucks Global Environmental and Social Impact Report 2022.

https://stories.starbucks.com/uploads/2023/11/Starbucks-2022-Global-Environmental-and
-Social-Impact-Report.pdf

SSAB. (n.d.). HYBRIT: The world's first fossil-free steel.

https://www.ssab.com/products/green-steel/hybrit

Sustainability Directory. (2025. 5. 4.). AI In Sustainability Communication.

https://sustainability-directory.com/term/ai-in-sustainability-communication/

The Conference Board. (2022. 12. 2.). The role of the CEO in driving ESG.

https://www.conference-board.org/press/Role-of-CEO-Driving-ESG

UN PRI. (n.d.). Publications and reports.

https://www.unpri.org/publications-and-reports

Unilever. (2024. 9. 24.). How Unilever's implementing regenerative agriculture practices
across 1 million hectares.

Unilever. (2021). A ten-year journey: Unilever Sustainable Living Plan (2010-2020).

https://www.unilever.com/files/92ui5egz/production/3429a3916e7836f32e2936717
a6372f055a42533.pdf/uslp-a-ten-year-journey-report.pdf

https://www.unilever.co.uk/news/2024/how-unilevers-implementing-regenerative
-agriculture-practices-across-1-million-hectares/

Vibe. fyi. (n.d.). 8 best practices for communicating ESG.

https://www.vibe.fyi/resources/communicating-esg-8-best-internal-communications
-practices/

Volkswagen Group. (n.d.). Sustainability reports.

https://www.volkswagenag.com/en/sustainability/sustainability-reports.html

Walmart. (2023). Walmart 2023 Global Responsibility Report.

https://corporate.walmart.com/content/dam/corporate/documents/purpose/walmart-fy2023
-global-responsibility-report.pdf

Wharton School, Environmental, Social and Governance (ESG) Initiative. (n.d.).
ESG case studies. https://esg.wharton.upenn.edu/centers-labs/esg-case-studies/